JN438582

그 세월 속에는

그 세월 속에는

박 용 자 제2수필집

도서출판 천우

그 세월 속에는

제1수필집『나는 지금 어디로 가고 있는가』출간 후 15년 만에야 내놓는 2집입니다. 오랜 세월 모아온 것들이라 다소 현실감이 떨어지는 이야기인듯한 것도 있을 것이나, 이런 내용은 오래전에 쓴 글이겠구나 하고 넘겨봐 주시면 고맙겠습니다.

인생은 고해란 말과 같이 유독 힘든 때에 쓴 글들이 많아, 다소 무거울 수도 있지만 1집을 읽고 보내준 독자의 글 중에 "제가 힘들 때 남들은 어찌 살아가는지 무척 궁금했는데 글을 읽고 용기를 얻었어요."란 그 말이 문득 생각이 나서 다시 용기를 내어 보았습니다.

한 줄 한 줄 써 내려간 글들을 다시 보니 시간은 순간에 지난듯한데 그 세월 속에는 내가 걸은 하루의 흔적들이 있어 더욱 소중한 듯 합니다.

삶 속에서 들은 소소한 이야기들을 모은 것이니 이웃집 아주머니, 할머니의 이야기라 생각하고 글 산책하신다 생각하며 편안하게 읽어 주시면 고맙겠습니다.

2020년 봄에

박용자

1부

그 세월 속에는

● 서문

정상의 나무 1 __ 15
작은 천사 __ 17
그해 가을은 __ 22
어떤 리더 __ 24
기차 여행 __ 26
청소년들과 함께한 교도소 방문 __ 29
부레옥잠 __ 32
화가 임대일 선생님 __ 34
이런 날은 내가 살아 있음에 감사하다 __ 37
방충망의 매미 __ 39
먼 산이 아름다워 보이는 것은 __ 41
자판기 커피 __ 44
벌초 __ 47
무료 급식소에서 __ 50
느린 속도감 때문에 __ 53
결승점 __ 58
무제 1 __ 60
겨울 한낮 __ 62
혼자 사는 즐거움 __ 65
그 세월 속에는 __ 67

2부

선택의 갈등

혼자인 여성에게는 __ 73
때론 자기 내면을 볼 수 있어야 __ 75
크리스마스카드 한 장 __ 77
미소가 아름다운 할머니 할아버지가 되자 __ 79
나의 발이라고 함부로 걷지 마라 __ 81
태풍 루사 1 __ 83
은장도 __ 88
가랑비 __ 90
내려오는 길 __ 92
카더라 __ 94
길 1 __ 96
선택의 갈등 1 __ 98
유혹 __ 100
어느 가을 오후에 __ 102
나를 사랑하는 법부터 익혀야겠다 __ 104
여고 동창회 __ 106
봄날 __ 108
봄비가 온다 __ 111

3부

조리로 물 거르듯

고령에서 __ 115
호사스러운 날 __ 117
정상의 나무 2 __ 119
길 2 __ 121
비엔나에서 __ 123
선택 __ 125
조리로 물 거르듯 __ 127
교장 정계선 라이온 __ 131
아우슈비츠(Auschwitz) __ 133
호이리게(Heuriger) __ 137
나의 직업은 __ 140
버리기 __ 143
설거지 __ 145
겨울 외출 __ 147

4부

바보야 놀자

느리게 걷다 보면 _ 151
요정 닮은 할아버지 _ 153
뒤뜰이 아름다운 곳 _ 156
산책 1 _ 160
무리한 도전 _ 163
아버지 _ 169
친구 옥희 _ 175
면역력 _ 177
고향을 낯설게 한다 _ 180
세상은 아직도 _ 182
기부온도탑 _ 185
마음이 맑은 사람이고 싶다 _ 187
봉사하는 유전자 _ 189
추석맞이 대청소 _ 191
동행 _ 194
소낙비 _ 197
무리인 이유 _ 199
바보야 놀자 _ 202
내려가는 길 _ 205
참 인연 _ 207
불안한 날 _ 209
외출 _ 211

5부

살아가는 이유

대청소를 하라 _ 215
5월이면 _ 218
친구 _ 220
중요하지 않은 일의 중요성 _ 223
개운저수지 _ 225
봄 _ 228
상가 수리 _ 230
기회 _ 233
어떤 수혜자 _ 235
살아가는 이유 _ 237
친구에게 _ 239
인생은 고해 _ 241
자원봉사 _ 243
진정한 승리자 _ 245

6부

칠순에 내게 쓰는 편지

직함에서 벗어나라 _ 249
여백증후군에서 벗어나라 _ 252
부채를 남기지 말라 _ 254
고문이 되어라 _ 256
수다를 떨어라 _ 259
평소에 작은 유언을 하라 _ 262
맥을 줄여라 _ 265
몸을 괴롭혀라 _ 268
행복하다 생각하라 _ 270

1부

그 세월 속에는

정상의 나무 1

언제나 그곳에 오르기만 하면 너를 만날 수 있다. 그곳으로 가는 길이 비록 힘들고 험한 길이어도 너를 만나기 위해선 그곳으로 오를 수밖에 없다. 삶이 힘들어 오르기를 포기하고 싶을 때도 너를 만날 설렘이 그곳을 오르게 한다.

때론 너를 만날 조급함으로 바삐 서둘러 그곳에 오르지만, 막상 너는 내려다보기만 할 뿐 아무 말이 없다. 그곳에서는 단지 말 없으므로 말 있으므로 마냥 행복하면 된다. 아무 말 하지 않아도 아무것도 듣지 않아도 보이는 것 모두가 말이 되기에 마냥 그곳에 올라 너를 보고 나를 본다. 너는 언제나 그곳에 있기에 나는 오늘도 힘든 하루에 충실하며 너를 닮은 미래를 위해 그곳에 오른다. 나는 너를 닮고 싶다. 수많은 유혹에도 넘어가지 않고 세찬 비바람에도 꿋꿋하게 견뎌내는 너를 닮은 나를 만들어가고 싶다. 뒤틀린 곡선마저 아름다워 완벽하지 않아 더 유연한 삶의 미학조차도 닮고 싶다.

오늘도 지친 나를 안고 정상을 향한다. 내 속에 쌓인 불편한 일들은 줄줄이 흐르는 땀과 함께 산속에 모두 버리니 시원한 산속 공기가 나를 정화해주듯 상쾌하기만 하다. 순간순간을 돌아보고 점검하고 수정해가면서 다시 느리게 오르기를 계속한다. 너를 만나기 위해서는 가속 따윈 필요치 않다. 서둘지 않아도 천천히 산을 올라도 화내지 않으니 무리하지 않고 오르면 된다. 언제 찾아도 말없이 맑음으로 맞아줄 네가 그곳에 있기에 오늘도 열심히 산을 오른다.

세찬 겨울바람 속 오솔길이어서 지루하지 않아 더욱 좋다. 흐르는 땀이 육체뿐만 아니라 정신을 더욱더 맑게 하는 건 추운 겨울 날씨 탓만 아닐 것이다. 언제 찾아도 말 없는 맑음으로 맞아줄 네가 그곳에 있기에 나는 오늘도 열심히 정상을 향해 오른다. 그곳에는 언제나 네가 있기에 서둘지 않고 천천히 산을 오를 뿐이다. 힘들게 오른 그곳에는 많은 것이 보인다.

작은 천사

— 서희네 쫀이

예정일을 한 달이나 앞당겨 일찍 태어난 서희네 작은 천사는 여느 천사들보다는 정말로 너무나 작게 태어났다. 함께 누워 있는 다른 천사들보다도 3분의 1 정도의 작은 체구인데도 눈망울만큼은 똘망똘망하여, 정상적인 체중으로 태어난 아기들을 모두 제압하고도 남을 정도이다. 아기들 속에 당당하게 함께 누워 있는 작은 모습을 보니 대견스러워 가슴속에 찡한 감동으로 다가온다.

정상아의 체중이 3kg. 우리 집 작은 천사는 2.037kg의 작은 체중으로 태어났다. 2.00kg까지 인큐베이터에 들어간다지만, 작은 천사는 예쁘게도 0.037kg의 더 많은(?) 체중으로 당당히 정상아와 함께 신생아실에 누워 있었고, 덩치는 크지만 어눌하게 누워 있는 그 어느 아기들보다도 작은 체중임에도 불구하고, 조금도 주눅 들지 않은 당당한 모습은 저체중의 우려를 잠시 잊게 해준다. 태어난 지 이틀 후에 퇴원해 집으로 데려올 때의 작은 천사는 새털처럼 가벼워 안고 있는 팔에 아무런 무게감도 느끼지 못할 정도여서 안타까워 안쓰러울 뿐이다.

집에 온 천사는 방끗방끗 웃음도 헤프기만 한 총각으로 예쁘기만 할 뿐이었는데, 일주일 후 엄마의 산후조리를 위해 외갓집으로 가기 위해 점검차 병원을 다시 찾으니 아기의 황달 수치가 정상아보다 상당히 높아 장거리 여행은 물론이고 지금 당장에 입원시켜야 한단다. 황달은 정상아에게도 오는 정상적인 것으로 10~13일 정도면 자연스레 왔다가 없어지는 것이다. 서희네 천사는 저체중의 조산아라 고집을 피울 수 없어 의사의 권유대로 입원시키기로 했다. 철없는 작은 천사의 엄마는 친정에 내려가서 입원 시키면 안 되냐고 울먹이는 걸 겨우 달래어 의사의 지시에 따르기로 했다.

방끗거리던 작은 천사는 태어난 지 일주일 만에 다시 병원으로 되돌아가 깃털같이 가벼운 체구에다 X-ray를 찍고 혈액검사를 거쳐 발가벗겨진 채 기저귀만 차고서 인큐베이터 속으로 들어가게 되었다. 고사리 같은 너무나 작은 손인데 그곳에다 수액공급이랍시고 꽂은 주사침으로 인해 퍼렇게 멍든 손으로 눈에는 빛 차단을 위해 씌워진 안대를 하고 고통스럽게 누워 있다. 가려진 안대 속에서도 찾아간 엄마와 아빠와 외할머니의 목소리를 알아들었는지 인큐베이터 안에 누워 있는 천사의 가슴이 갑자기 벌떡벌떡 뛰기 시작한다.

주사의 아픈 충격과 세상에 태어나 얼마지 않아 갑작스레 엄마와 떨어져 겁났던 천사가 엄마 아빠의 사랑 담긴 목소리에 그만 슬퍼진 걸까? 보는 내내 미어지듯 가슴이 저려옴은 어쩔 수가 없다. 천사의 건강을 위해 엄마는 모유를 부지런히 짜서 날랐고 천사는 그렇게 하루에 오전, 오후 두 번씩 엄마의 품에 안길 수 있었다. 4일간의 힘든 이별의 기간이 끝나고 퇴원한 천사는 입원의 고통으로 잘 웃던 웃음을 잃어버리고 웃지 않는 모습이 되어 집으로 돌아왔다. 혈관을 찾느라 찔러댄 두 손엔 멍든 자국이 가족 모두의 가슴을 저리게 한다. 작은 천사는 며칠 동안의 이별의 고통과 아픈 주사의 고통을 잊지 못한 듯 일주일 내내 웃음을 잃고 있었다.

일주일 후 엄마의 산후조리를 위해 외갓집으로 작은 천사를 데려왔다. 손등의 멍이 차츰차츰 옅어질 즈음에야 겨우 작은 천사의 웃음은 다시 볼 수 있게 되었다. 일주일이 지나자 팔다리를 흔들며 1시간씩 놀기도 하고 작은 음악 소리엔 움직임을 멈추고, 귀 기울이는 모습과 목욕 시 막힌 코를 뚫어주기 위해 물로 코밑을 문질러주면 시원한지 울음도 멈추고 가만히 앉아 기분 좋아하는 모습과 뒤이어 나온 재채기에 콧속에 있던 덩어리가 튀어나와 모두를 웃게 하던 일, 물속에서 몸을 흔들며 노래 불러주면 모태 속으로 착각이라도 한 듯 코끝이 하얗게 변하면서(기분이 좋아지면 작은 천사는 콧등이 하얗게 변한다.) 눈을 상그레 뜨고 기분 좋아하던 일, 작은 천사의 똥 포와 오줌 포는 또 얼마나 힘이 센지 할미의 얼굴에다 직통으로 오줌 포를 날려버려 기쁘게 한 일. 이제는 제법 힘이 세어져 아기 목욕통에서 발로 차면 통에 발과 머리가 부딪칠 정도로 정상 체중을 찾았다.

소화가 안 될 땐 옆으로 눕혀두고 등을 쓰다듬어주면 시원해하는 표정 하나만으로 힘든 할미에게 고마움을 대신해준다. 유난히도 배고픔을 많이 타던 작은 천사는 어떤 때는 1시간이나 빨리 깨이니 시간을 맞추느라 안고서 자장가도 불러주고 달래며 시간을 기다릴 줄도 알아야 한다고 아직 먹을 시간이 되지 않았다고 말해주면 알아듣

기라도 한 듯 조용히 눈 감고 잠들어버린 건 힘든 할미에 대한 보답이었을까? 매일의 밤과 낮을 예쁜 천사와 함께하는 나는 이렇게 행복해도 되나 싶게 시간도 잊어버렸다. 그러나 소화를 못 시켜 유난히도 트림을 자주 시켜야 하지만, 이제는 나름대로 방법을 찾아 시간 안에 배고픔엔 나누어 먹이는 지혜를 부려보니 다시 방긋방긋 웃어주는 예쁜 천사로 되돌아왔다.

밖으로의 봉사활동에서 지금까지 미뤄뒀던 가족으로의 봉사로 시간을 쪼갠다. 내 새끼의 조리를 위해 밤새워 천사를 돌보고 낮엔 또 엄마를 위한 보양식을 만들어야 하는 일의 연속이지만, 전혀 짜증나지도 피곤하지도 않은 건 핏줄에 대한 사랑의 힘인 것만 같다. 잘 먹고, 잘 싸고, 잘 자고 그렇게 한 달이 지나고 작은 천사는 4㎏이나 되는 체중으로 데리러 온 아빠와 함께 그들의 사랑의 보금자리로 되돌아갔다. 차까지 태워주기 위해 안아준 내게 눈길 한 번 주지 않고, 두 눈을 감은 채 새근새근 잠든 모습으로 말없이 그렇게 떠나갔다.

공허한 마음만큼이나 천사가 떠난 빈방은 휑하니 커져 보이기만 하다. 요를 치우고, 이불의 홑청을 뜯어 빨고, 베갯잇을 빨고 구석구석 청소하면서 공허함을 달랜다. 지금쯤 도착했으려나? 오후 5시 궁금증을 참지 못하고 전화해본다. 이제 겨우 기흥이란다. 예쁜 천사가 장거리에 피곤할 텐데 괜한 걱정에 초조함이 밀려온다. 일요일의 고속도로 정체는 일찍이 서둘러 떠났음에도 피해갈 수 없었나 보다.

6시에 도착했다는 전화에 힘든 장거리에 잘 견뎌준 천사가 대견하기만 하다.

오늘 밤부터는 밤새우지 않아도 된다. 오랜만에 푹 잘 수 있을라나? 그런데 그간 잊고 있던 허리 통증이 다시 괴롭힌다. 긴장이 풀린 탓인가. 그동안 잠을 설치며 무리하게 무거운 시장바구니를 들고 바쁘게 뛰어다녀도 아프지 않던 허리의 통증이 과하게 몸을 써버린 대가를 이제는 치르라 한다. 아픈 허리를 온도 높인 돌침대에 대고 누워 눈을 감으니 내내 웃어주던 작은 천사가 보고 싶다. 작은 천사가 벌써 보고 싶어진다.

그해 가을은

— 엄지공주가 탄생한 날에

그해 가을은 비가 적었다. 가을걷이를 순조롭게 하게 해준 날씨 덕택으로 농부의 일손도 순조로운 해였다. 비가 적은 탓인지 그해 단풍은 참 고왔다. 하늘에 걸린 붉은 단풍잎은 햇볕을 투과한 맑고 투명한 빛으로 신비함을 보태 우리 눈을 시리도록 맑게 해줬었다. 제일 먼저 물들어 제일 먼저 떨어지는 노란색의 은행잎은 발끝에서 무질서 속, 또 다른 질서를 보여주고 있다. 그해 가을은 단풍이 유난히도 고왔다.

가을은 바쁜 세상 사람들을 일상에서 잠시 벗어나 불타는 단풍 속으로 하나둘 찾아들게 하고 있다. 가을은 짧지만, 그 짧은 시간 속에다 정열이란 아름다움을 안고서 같은 듯 다른 색깔로 일체감을 보여주는 아름다움이 모두를 즐겁게 한다. 가을에는 혼자여도 충분히 아름다울 수 있다.

나는 그해 가을도 여전히 자연이 만들어낸 경이로운 단풍을 만날 생각도 못 한 채 여느 때와 마찬가지로 집에서만 지냈다. 몇 달째 추간판돌출증으로 침대에 누워 끙끙거리고 있는데 막내에게서 숨 가쁜

게 엄마 찾는 전화가 왔다. 둘째 아기의 출산 예정일이 아직 한 달이나 남아 있어 아기 엄마도 할미도 맘 놓고 있었는데, 오늘 갑자기 양수가 터져버려 지금 병원으로 가는 중이라며 엄마를 찾는 급한 전화였다. 침대에서 일어났다. 전화를 받는 순간 이미 허리 통증은 저 멀리 달아나고 없다. 급히 옷을 입고 산후조리에 필요한 물품들을 사러 시장을 바삐 다녀야 했고, 출산에 필요한 것들을 싸 들고 급하게 출발한 차창밖엔 지나치는 가을 풍경이 바쁜 마음과는 달리 한가하기만 하다. 바삐 서둘렀던 조급함도 잠시 잊은 채 눈은 자연히 창밖의 만추를 따라다니고 있다.

운전하는 차 안에서도 이렇게 시간차 여유를 즐길 수 있는 건 행복이다. 그동안 방에만 누워만 있으려니 괜한 걱정들만 끌어다 놓고 끙끙거리느라 가을을 잊고 있었는데, 이렇게 딸애의 다급한 전화를 받고 급하게 올라가는 길에서 만나게 된 차창 밖의 아름다운 풍광이 잊고 있던 가을을 맘껏 보여주려 하고 있다. 드디어 딸애가 사는 곳이 가까워지니 다시 마음이 바빠진다. 부디 순산하기만을 기도한다. 기도하며 달리는 창밖에는 붉게 물든 단풍이 한없이 이어지고 있었다. 전화가 왔다. 순산했다고. 그해 가을에는 단풍이 무척이나 고왔다.

어떤 리더

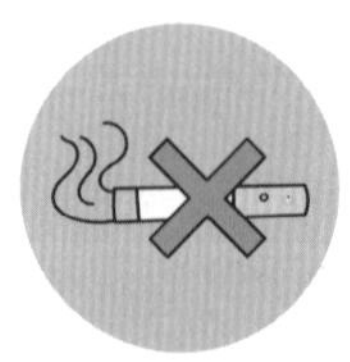

요즈음같이 웰빙을 추구하는 시대엔 간접흡연이 직접 흡연보다 건강에 치명타를 준다는 건 어린아이들도 다 아는 상식이 되어버렸다. 심지어 집에서도 맘 편히 담배를 피울 수도 없다. 사랑하는 아내와 아이들의 건강을 위하여 가장들은 거실에서 쫓겨나 베란다에서 창문만 빼꼼히 열어놓고 좋아하는 담배를 피워야 하는 것이다. 공공장소에서도 흡연실이 별도로 마련되어 있거나 없으면 건물 밖에 서서 도둑 담배를 피우듯 쫓기듯 피워야 하는 시대가 된 것이다.

그런데 아직도 사회 지도층을 자처하는 남성 중에는 소중한 회의 시간을 이기심으로 담배를 태우며 주위를 불편하게 하는 이가 있다. "아직도 담배를 태우십니까." 조크를 줘 보지만, 그것도 못 알아채고 시간과 장소만 바뀌면 또 그들의 불손한 습성은 담배를 손에 쥐게 한다. 중이 절이 싫으면 떠나면 된다지만, 얽혀 있는 지금의 사회적 만남을 배제할 수도 없는 처지니 어쩔 수가 없다. 안 만날 수도 없지만 만나기만 하면 한마디 양해도 없이 담배를 꺼내 피우며 연기를 뿜어낸다.

무엇이 그를 그리 초조하고 불안하게 하는지는 모르겠으나 상대에게 뿜어지는 담배 연기 속에 그의 품위도 연기처럼 사라져버린다는 걸 알았으면 한다. 한때는 담배 피우는 모습이 멋져 보이던 시절도 있었지만, 지금은 건강을 우선시하는 우리 모두에게 담배 연기를 마셔야 하는 간접흡연을 원하는 사람은 아무도 없을 것이다.

명색이 지도층이란 이름을 단 그 지위에 맞게 그의 예의도 갖췄으면 훨씬 더 품위 있는 리더로 비춰질 것이다. 사랑하는 가족이 아닌 남이어서 아무렇게나 해도 된다면 할 말은 없겠지만, 적어도 공식적으로 갖게 되는 모임의 장소에서만이라도 예의를 지켜주었으면 한다. 그들이 성숙한 지도층으로 거듭나기 위해선 자기가 좋아하는 담배를 참든지, 아니면 잠시 장소를 옮겨 밖에서 피우고 들어오는 예를 갖춘다면 그의 리더로서의 품위는 훨씬 올라갈 것이란 생각을 해본다. 지위와 품위란 단순한 산술적 보탬이 아니라 이런 작은 예의를 지킴으로써 이뤄진다는 걸 알아야 할 것이다. 내가 그리 좋아하는 걸 남은 싫어할 수 있음을 알고 배려하는 아량을 가졌으면 한다. 그리한다면 훨씬 품위 있는 리더로서 존경받지 않을까 한다.

기차 여행

기차를 탔다. 한참을 신나게 달리던 기차가 갑자기 깜깜한 터널 속에 들었다. 아무것도 보이지 않는 어둠 속을 달리던 기차는 다시 밝은 세상으로 나왔다. 인생도 살다 보면 암흑과도 같은 터널 속 같은 시기를 만날 때가 종종 있다. 그 터널이 길어질 수도 짧아질 수도 있지만 그 순간을 피할 수 없는 것이 인생사이다.

암흑과도 같은 터널 속에 갇히면 미래란 없는 듯 좌절감에 빠져 괴로워하게 된다. 그러나 어떤 사람은 그 터널을 건너려 노력하고, 어떤 사람은 터널 속 어둠에 갇혀 주저앉아버린다. 어둠을 견디며 인내하며 노력한 사람은 한 단계 도약하는 새로운 기회와 함께 다시 새로운 세상을 만날 수 있다. 그러나 어둠 속에 갇혀 아무런 노력도 하지 않은 사람은 그냥 주저앉은 채로 어두운 인생을 살아가게 된다. 그 어둠이 계속되는 줄만 알고 나올 생각도 않았기에 아무런 시도도 노력도 못 해본 채 그 자리에 멈춰버린 것이다. 세월이 한참이나 지난 후에야 암흑 같은 터널도 지나면 밝음이 온다는 걸 알게 되지만, 이미 때는 늦어버렸으니 그 어디에서도 길을 찾을 수는 없게 되는 것이다. 그때 가서야 모든 것이 다 자신의 탓이라고 후회한들 무슨 소용이 있으랴. 이미 때는 늦어버렸고 지난 것은 되돌릴 수 없는 상황임을 어쩔 수 없다.

느리게 지나치는 차창 밖의 풍광이 평온하기만 하다. 일정한 리듬의 쇠바퀴 소리에 익숙해질 때 즈음 기차가 정거장에 멈춘다. 기차가 멈출 때마다 타고 내리는 사람들의 모습도 제각각이다. 그 사람들의 표정에서 그들의 삶을 유추해보는 것도 재미가 쏠쏠하다. 겉모습으로만 다 알 수는 없겠지만, 그 사람들의 얼굴엔 개개의 삶의 흔적이 묻어 있다. 혼자 무심한 듯 그들 삶을 유추하다 보면 느린 기차 여행이 전혀 지루하지 않다.

돌아보니 용케도 그 어려운 시기를 현명하게 헤쳐 왔음이 대견하다. 밤잠 설치며 꼴딱 지새우면서도 낮이 되면 다시 그 하루에만 집중하다 보니 어느덧 경제적 어려움은 차츰차츰 나아져 갔다. 어느 날 갑자기 젊은 나이에 4명의 아이를 혼자 안게 된 무서움과 미래에 대한 확실성 없는 삶 속에서 온갖 세상 속 냉대와 젊음에 따라붙던 검은 유혹에서도 벗어날 수 있었음은 내가 행하게 될 결과를 먼저 그려보며 자신을 지켜낼 줄 알았던 젊은 날의 현명함이 대견스럽다. 지금 막 터널에 들어가 앞이 보이지 않듯이 캄캄하기만 한 곳에 앞길이 막힌 듯하여 좌절하던 인고의 세월 속에 갇혀 희망을 놓친 채 힘들기만 했던 그 세월도 이제는 다 지나가 과거 속으로 들어가 있다. 그 어떤 어둠도 그 어떤 밝음도 항상 머물지 않고 지나가는 걸 모른 채 혼자 속상해하고 힘들어했는지 지금 돌아보니 다 부질없는 것인 듯해도 소중하다.

이 순간이 새삼스러워지는 건 여유롭게 느린 기차를 탔기 때문이다. 손수 운전하지 않아 신경 쓸 일도 없고 그냥 앉아 지나는 풍광을 즐기기만 하면 되니 얼마나 좋은가. 풍광이 지루할 즈음엔 조용히 눈을 감고 쇠바퀴의 일정한 리듬에 맞춰 내면을 들여다보면서 천천히 가는 오늘의 이 편안함이 참 좋다. 가만히 앉아만 있어도 목적지까지 데려다줄 테니 편히 가는 이 여유로움이 또한 좋다. 자연스레 창밖의 경치를 놓치지 않고 다 안을 수 있어 더욱 좋다. 지난 세월은 지난 대로 두고 이제는 빠르지 않고 느리게 천천히 가면 된다. 오늘 탄 기차처럼 느리지만 많은 것을 볼 수 있어 좋고 느리지만 목적지까지 갈 수 있게 해주는 느린 기차처럼 지금부터는 많은 것을 볼 수 있게 다소 느려도 천천히 가는 것도 괜찮지 싶다. 기차 여행 덕에 오늘은 온전하게 하루 속에 들어 즐긴 날이다.

청소년들과 함께한 교도소 방문

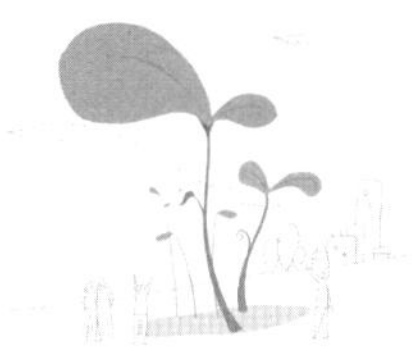

오늘은 상주, 문경, 예천 쪽에 있는 여고생 중에서 특별히 선택된 여학생들과 교도소 방문 행사가 있는 날이다. 각 지역별 버스 안에는 인솔교사, 그 지역의 장학사, 그리고 담당검사, 범방위원이 함께 각 지역에서 마련한 차량들을 타고 교도소를 방문하는 날이다. 그곳의 실상을 보고 학생들에게 범죄에 대한 경각심을 불러일으키고 앞으로의 일탈을 예방하기 위한 범죄예방위원회가 마련한 특별 행사이다. 상주에서 출발하여 안양교도소와 청주교도소를 방문하게 되어 있다.

교도소 안은 넓은 복도 사이에 끼어 있는 닫힌 철문을 열고 안내된 감방에는 장기수들만 들어 있는 한 평의 공간으로 그 안엔 한 명씩만 수감되어 있다. 중죄의 경우엔 독립된 작은 공간에 격리되어야 하는 그녀들은 지나는 우리들의 시선 하나 놓치지 않으려는 듯 굳어버린 목 위의 눈빛이 강렬하여 시선을 마주할 수 없다. 꼿꼿이 앉아 있는 그들은 메말라기는 가슴만큼이나 두 눈엔 애증이 숨겨져 있다.

한 평의 공간에 혼자 갇혀 하루 종일 있어야 하는 그녀들은 지금 무엇을 생각하고 있을까? 방문자의 시선조차 멈춰버린 그곳. 한 평의 공간에는 갓난아이가 엄마의 품에서 맑은 천사의 모습으로 방글거리고 있다. 부디 함께 있던 엄마의 따뜻한 품속만을 기억하길 기원해본다. 그러나 엄마와 함께 지낸 교도소의 일들은 기억하지 않았으면 한다(18개월 미만의 아이는 돌보아줄 보호자가 없을 시 엄마와 함께 있게 하는 법의 배려란다. 수감된 인원의 50%가 장기수이며 그 50%의 절반 이상이 살인범으로 수감된 곳이다).

수감자 한 사람, 한 사람 모두 긴 사연을 안고 있겠지만, 그들이 그곳의 생활에서 미움을 용서하고, 반성하며 현실을 받아들이고 미래를 꿈꿀 수 있는 사람으로 거듭나길 기원해본다. 그곳에선 마음만 먹으면 무엇이든 배울 수 있게 자활을 위한 시설들이 우수하게 갖추어져 있다(자활을 위한 봉제, 한복 만들기, 쇼핑백 만들기, 도자기 그릇에 무늬를 넣기 위한 무늬 붙이기 등등). 그곳에서의 삶을 받아들이고 과거를 돌아보는 차분함으로 새로운 미래에 대한 희망들을 키워갔으면 한다. 최소한 똑같은 실수는 하지 않는 자기반성의 시간으로 삼고 능력이 되면 컴퓨터 교실에서 정보교육도 받으면서 밝은 내일에 대한 꿈도 키워갔으면 한다.

창백하기만 한 그녀들의 경직된 얼굴과 증오에 찬 눈빛에 감히 시선을 마주칠 수는 없었지만, 돌아 나오는 길에 높게 둘러친 두꺼운 회색빛 시멘트담 위에 쳐놓은 철조망이 우리의 마음을 더 무겁게 찔러대는 것 같다. 지금까지 재재대며 웃고 떠들던 교도소 방문 전의 여학생들은 하나같이 침묵으로 말과 웃음도 잃어버린 채 조용해져버렸다.

하루 만에 상주에서 안양, 안양에서 청주로 그리고 다시 상주로 돌아오는 긴 여정에 피곤함도 있었지만, 마음이 더욱 무겁게 느껴지는 것은 피곤한 여정 탓만은 아닌 것 같다. 순간의 잘못된 생각으로 깨어진 그릇으로 그 조각 주워 다니는 힘든 삶은 선택하지 않길 바란다. 소중히 자기들의 꿈을 보듬는 선한 학생으로 자라도록 노력하는 건 최소한 본인들의 몫이라는 걸 오늘의 이 행사로 느껴주었으면 한다. 인생의 주인은 바로 나 자신이니까.

학생이란 본분을 놓치는 일은 절대 없어야 할 것이다. 행동하기 전에 다시 한번 더 생각하는 학생이어야 한다. 젊은 혈기에 욱하는 감정을 못 참아 겪어야 하는 이런 긴 시간을 보았으니, 청소년기의 소중한 시간을 이런 빈 공간 속에 갇혀 버리는 일은 없길 바란다. 오늘 교도소 방문에서 보고 느낀 것들을 뒤돌아보고 살아가면서 자기반성의 기회가 되었으면 한다. 오늘 함께 한 학생들 모두…….

부레옥잠

아침에 눈을 뜨고도 일어나지 못하고 아픈 허리를 핑계로 게으름을 피우며 침대에 누워 있다. 오른쪽으로 누웠다, 왼쪽으로 누웠다 이리저리 아픈 통증을 안으로 삭이고 있는 중이다. 이러다간 오전 내 일어나지 못할 것 같다는 생각이 들어 서둘러 조심스레 침대에서 내려왔다. 여느 때와 마찬가지로 거실의 흔들의자에 앉아 베란다에 놓인 부레옥잠을 본다.

토기 속에 심어진 부레옥잠이 어제까지도 없던 꽃망울이 오늘 아침에 보니 1개의 꽃대 속에 5개의 꽃을 활짝 피우며 반긴다. 화려한 공작무늬를 한 청보라색의 4개의 꽃잎으로 된 5개의 꽃이 정담을 피워내듯 서로서로 옹기종기 머리를 맞대고 있다. 예전에 경주 행사에 갔다가 선물로 받은 허리가 잘록한 모양의 토기에다 물을 부어 작은 연못을 만들고 부레옥잠을 두어 포기 사다 심었었는데 그곳에서 오늘 꽃을 피운 것이다.

볼록한 공기주머니를 감싸고 휘돌아 올라가면서 조심스레 새잎을 만들어내곤 하여 여느 잎의 공기주머니완 다르다고 생각했는데 그것이 그렇게 예쁜 보랏빛 꽃을 피우는 꽃대였을 줄이야. 잎 하나 가지마다 작은 풍선처럼 생긴 잎줄기 속에는 미세한 거물 모양이 정교하게 얽혀 물을 정화해줘 언제나 깨끗하다. 그리고 작은 토기 속에서 새잎을 틔우며 아침을 새롭게 하더니 오늘은 꽃을 피워 이 아침을 더욱 즐겁게 한다.

그동안 의무란 틀 속에 갇혀 수많은 일과 맞서다 보니 어느새 변한 나를 보고 놀라며 반성하면서도 격한 감정을 추스르지 못해 눌러두었던 감정들이 독이 되었는지 벌써 2개월째, 고장 난 몸을 안고 침대에서 끙끙거리고 있다. 사람에게도 부레옥잠처럼 더러움을 정화할 수 있는 공기주머니를 대신할 언어폭력의 거름막이라도 있다면 어쩌면 이렇게 혹독한 육체적 정신적 고통의 대가를 치른다고 긴 시간 끙끙대면서 보내지 않았을지도 모른다.

그러나 사람에겐 거름망이란 게 없으니 현재에서 지난날을 반성하고, 오늘에서 내일을 계획하며, 욕심들을 눌러주는 의지와 돌아보는 반성으로 거름망을 대신하게 한 게 아닐까 한다. 대신 의지와 반성이란 거름망이 있기에 표출할 때도 거를 것은 거르고, 받아들일 때도 걸러서 받아들이는 연습을 하게 되나 보다. 그도 저도 안 하게 되면 몸에 고장을 내서라도 꼼짝 못 하게 강제로 눌러 앉혀 뒤돌아보고 스스로 반성케 하나 보다. 정화될 시간도 주지 않고 욕심으로 계속된 전진에선 정신은 황폐해지고, 몸도 마음의 독소를 감당하지 못할 즈음에 이르면 육체는 고장을 일으켜 강제로 쉬게 하나 보다. 오늘 아침 부레옥잠이 피워낸 예쁜 보라 꽃에서 새로운 희망을 본다. 그리고 눌러두었던 나쁜 찌꺼기들은 지금이라도 걸러내야만 할 것이다. 그래야 심신이 맑아져 미래에는 더 아름다운 꽃을 피워낼 수 있게 될 것이다. 오늘 아침 부레옥잠이 잠시 잊고 있던 일을 돌아보게 하며 청순한 미소로 다가와 스승인 양 그곳에서 눈을 맞춘다.

화가 임대일 선생님

나의 첫 수필집의 장정을 위해 흔쾌히 그림을 내주신 임대일 선생님은 국전 심사위원을 역임하시고, 정수문화재단 이사장과 지역에선 라이온으로서 봉사를 아끼지 않은 훌륭한 분이셨다. 수필집 장정을 얻기 위해 불쑥 찾아간 나에게 밝은 미소로 반가이 맞아주시던 선생님은 마침 화실에서 그림을 그리고 계셨다.

그때의 선생님은 자기 미래의 계획들을 말씀하시며 의욕에 차 건강하시던 모습이셨다. 그리고 몇 달이 지났을까. 선산클럽의 행사장에서 들은 선생님의 소식은 간경화로 병원에서도 어찌할 수 없어 집에 내려와 계시며, 일체의 면회도 안 되는 형편으로 오늘내일 그날만을 기다린다는 소식이다. 몇 개월 전, 웃으시며 건강하시던 선생님의 얼굴이 떠올라 행사 내내 우울했었다. 그동안 일체 면회는 사절한 채 투병 중이며 가능성이 희박하다는 클럽 회장님의 말씀이 자꾸만 떠올라 마음을 불편케 한다.

행사가 끝난 뒤 클럽 회장님에게 병문안이 가능하냐고 조심스레 묻자 선생님 댁으로 전화했고, 가족들에게서 면회가 가능하다는 허락을 받고서야 그곳으로 향할 수 있었다. 화실과 정수문화재단 사무실을 함께 쓰고 있던 스틸로 지어진 집 밖에는 소속 클럽의 회장님과 전 회장님들이 모두 나와 서서 기다리고 있었다. 무겁게 가라앉은 어둠이 깔린 마당에서 장례식 준비를 의논하는 걸로 보아 상태가 심상치 않음을 느낄 수 있었다. 얼마간을 어둠 속에서 기다린 후에 아드님과 사모님의 안내를 받아 화실을 건너야만 들어갈 수 있는 작은 안방은 평소 선생님의 검소한 생활을 짐작할 수 있었다.

당당히 미래의 계획을 말씀하시던 그때의 선생님의 모습은 어디 가고 너무나 작아진 몸이 되어 누워계신 모습에 놀라움에 뭐라고 할 말을 잊어버렸다. 육체는 이미 모든 희망을 놓아버린 것 같아 보였고 소박하기만 한 작은방이 크게만 느껴지는 건 선생님의 체구가 너무나 작아져 있었기 때문이다. 커다란 방 안에 휑하니 누워계신 선생님 손목을 잡아보니 뼈만 남은 앙상한 손에 덮여 있는 피부의 찬 기운이 가까운 죽음을 예견할 수 있었고, 애처로이 지켜보는 사랑하는 가족들의 희망도 먼 곳에 있는 듯 아득하기만 하다. “선생님 저 아시겠어요?” 목까지 차오르는 슬픔을 삼키는 볼멘소리에 천근만근 드리워진 눈꺼풀을 젖 먹던 힘까지 다해 천천히 아주 천천히 힘겹게 떠 보이는 무언의 짧은 눈길에서 그분이 나를 알아보고 있음을 알 수 있었다. 하지만 더 이상 말을 이어가지 못한 채 바로 밖으로 나왔다. 밖은 온통 칠흑 같은 어둠이 깔려 있었고 가족들의 애잔한 마음만큼이나 짙어진 어둠이 모두의 마음을 졸이는 듯했다.

그런 뒤 얼마 후 선생님은 이루지 못한 수많은 사업들을 꿈으로만 남겨두신 채 저세상으로 가셨다. 그렇지만 나는 실오라기 같은 숨

길을 잡고 계시던 그런 작은 모습으로 선생님을 기억하고 싶진 않다. 내가 작품을 얻으러 갔던 그때의 건강하고 크게만 보이시던 화가 임대일 선생님으로 기억하고 싶다. 나의 제1수필집 표지의 그림은 언제까지나 선생님의 작품으로 남아 있을 것이지만, 지금까지도 선생님께 죄스러운 건 하찮은 나의 제1수필집에 선뜻 내주신 표지 그림에 대한 약력을 세세하게 소개 못 해 드린 점에 대해 지금이라도 삼가 용서를 구합니다. 이건 미약한 나의 불찰이었음을 늦게나마 진심으로 용서를 구합니다. 죄송합니다. 그리고 이제 모든 것 잊고 편히 쉬십시오.

이런 날은 내가 살아 있음에 감사하다

창문 사이로 들려오는 맑은 새소리가 나를 깨워내는 아침이다. 천근만근 무거운 몸은 선뜻 일어나지 못한 채 누워 천장만 바라보다가 불편함에 오른쪽으로 돌아누워 보지만 편하지 않다. 누워 있으려니 머릿속은 밤새도록 풀지 못한 일을 다시 끌어내려 한다. 이러다 오늘도 엉킨 머릿속을 헤매느라 오전 시간을 다 보내겠다 싶어 벌떡 일어나 창문을 활짝 열었다. 창문으로 들어오는 이른 아침의 맑은 공기를 코끝 시리도록 듬뿍 들이마신다. 상쾌하다. 신선한 공기와 맑은 햇살이 비추는 싱그러운 아침에 이름 모를 새들의 지저귐이 늘어진 나의 영혼을 잡아 흔들어 깨워낸다. 오늘따라 창 안을 보고 크게 울어주는 까치 소리가 있어 하루를 더 설레게 한다. 반가운 손님이 오시려나?

지금 들판은 온통 초록으로 변해 있고, 그곳에 난 농로로 경운기를 타고 달리는 농부가 한가로워 보이는 건 멀리 있기에 속도감을 느낄 수 없음이다. 지난밤 농작물들이 얼마나 자랐는지 돌아보러 가는 길인 것 같기도 하고, 아니면 벌써 한 바퀴 돌아보고 가는 길인지도 모르겠다. 주인의 발자국 소리에 반가운 듯 마침 들판이 손을 흔들 듯 일렁인다. 아파트에서 내려다보이는 모든 것이 한가하게만 보이는 건 그동안 수많은 시행착오를 겪어내면서 어느덧 평상심을 찾은 마음 탓인 듯하다.

농로 위로 농부가 타고 달리는 은빛 자전거 바큇살 사이로 지나치는 작은 바람 소리까지 다 들을 수 있을 것 같은 조용한 아침이다. 맑은 햇살을 가득 안고 자전거를 타고 달리는 농부는 어쩜 검게 탄 얼굴일 것이다. 농부는 어쩜 나와 같은 하루의 설렘으로 충만해 있을지도 모른다. 털털거리는 경운기의 소리에서도 힘찬 삶의 에너지들을 느낄 수 있어 좋다. 농부가 밟고 가는 자전거 바퀴 속 작은 바람에도 행복할 수 있는 이 아침의 느림이 좋다.

6월의 파란 하늘마저 떠 있는 구름을 잡지 않고 흘려보내는 한가한 아침. 맑디맑은 아침 하늘이 시리도록 푸른 아침. 펼쳐진 풍광을 맘껏 즐겨도 되는 아침. 소음도 먹은 듯 고요한 이 아침을 맘껏 즐길 수 있어 감사하다. 이런 날은 정말이지 내가 살아 있음에 감사하다.

방충망의 매미

시끄러운 매미 소리에 잠에서 깨어 거실로 나왔다. 소리를 찾아 베란다로 나가 한참을 찾아보니 방충망에 간신히 매달린 매미를 찾아냈다. 사람의 발소리에 잠시 소리를 멈춘 탓에 찾을 수 없었던 것이다. 거실의 흔들의자에 앉았다. 멀리 보이는 자연의 모습은 지금 들판도 숲도 온통 초록색이다. 그동안 바쁜 일정 속에 묻혀 살다 보니 자연의 변화도 잊고 살았음을 알기라도 하는 듯 자연은 싱그러운 초록빛으로 나를 시원하게 깨워내는 아침이다. 문득 나를 또다시 상념(想念) 속으로 끌어가려 한다. 이런 마음을 깨우려는 듯 매미는 멈췄던 울음을 다시 울기 시작한다.

"맴맴맴 매에에엠"
"맴맴맴 매에에엠"

얼마 지나지 않아 죽어갈 수밖에 없는 짧은 시간을 매미는 그렇게 울다가 간다. 누구에게는 즐거운 노랫소리로 들리고 누군가에게는 죽음을 앞둔 처절한 울음소리로 들릴 테지만 매미에게 그런 건 아무

의미가 없는 듯하다. 같은 소리를 들어도 느낌 또한 다르니 같은 것을 보아도 기억하는 게 다를 뿐이다. 앞뜰 가득 늘어선 녹색의 들판도 마다하고, 길게 이어진 가로수 길의 싱그러움도 거부한 채 매미는 삭막한 아파트의 차디찬 방충망에 매달려 목이 째지게 안을 들여다보며 울고 있음은 왜일까? 숲속 매미의 소리는 자연의 넉넉함을 느끼게 하지만, 방충망에 매달린 매미는 얼마 지나지 않아 없어질 생명의 끈을 잡으려는 듯이 토하듯 울어대는 소리가 쨍쨍거리며 집 안으로 울려 퍼진다.

도대체 이 매미의 한은 무엇이기에 아파트 안을 들여다보며 이리 울부짖는가? 내게 무슨 말을 하고 싶기에 이른 아침부터 찾아와 이리 슬피 울어대는가? 얼마 남지 않은 생명줄을 잡고서 무슨 말이 하고 싶어 이른 아침부터 찾아와 울어대는지. 어쩌면 너보다 더한 아픔이 이 매미에게도 있다고 울부짖고 있는지도 모른다. 아니면 이제는 미움 따윈 인제 그만 버리겠다고 소리치고 있는지도 모른다. 한참을 피 토하듯 째랑째랑 울던 매미가 어디론가 날아가 버렸다. 도통 떠나지 않아 힘들게 했던 상념(想念)들을 이 아침에 찾아와 울다 날아가는 매미 따라 실려 보낸다.

먼 산이 아름다워 보이는 것은

때론 내 속에 숨겨진 마음의 소리가 참으로 진솔해질 때가 있다. 내면의 소리란 아름답게 꾸밀 필요도 없으니 그렇고, 일부러 채우려 안달하지 않아도 되고 남의 눈치 보지 않으려니 주눅들 필요도 없고, 수치심이나 부끄러워할 필요는 더더욱 없기에 본연의 소리를 있는 그대로 들어주기만 하면 되는 것이다. 때론 선택할 두 길에서 갈등하는 순간들로 고뇌하지만, 내면 깊은 곳의 진실한 울림이 소리를 내지 않고도 조용히 나를 제자리에 둘 때가 있다. 진실한 소리들을 들으려는 노력은 본인이 해야 한다.

그러나 바쁜 일상 속에서는 이 진실한 소리들을 들을 수 없다. 바쁘게 뛰어야 살아갈 수 있는 현실이 때론 가혹하기도 하지만 그렇다고 자신을 밀쳐둔 채 뛰기만을 계속하다간 닳아버린 자동차 바퀴처럼 너덜거리는 자신을 안고 후회하며 살게 될지도 모른다. 언제나 혼자만의 시간보다 사람들에 섞여 사는 시간이 더 많은 사람들. 내가 나를 보는 것보다 남이 나를 보는 것에 더 익숙해진 채 살아가는 사람들. 매일 반복되는 생활의 안일함이 만들어낸 시간 속에 갇혀 살다 보면 진솔한 자신을 만날 기회를 놓치게 될지도 모른다. 항상 보이는 것에 익숙해져 버린 사람들. 그 속에 섞여 살다 보면 사람 아닌 인간적인 안일함이 잠시 나를 잃게 해 내 속에 진실한 내가 있음도 잊어버리고 살아갈지도 모른다.

어떤 이는 허허로운 빈 곳을 채워보려 수십에서 수백만 원이나 하는 '명품'이란 것들을 끼우고, 걸치고, 신는 것으로 그들만의 즐거움을 찾기 위해 불나비 같은 화려한 가식의 행복에서 흐늘거리는 영혼을 잡아보려 하지만, 빈 곳은 쉽게 채워지지 않으니 공허 속에 빠져 더욱 외로워지게 될 뿐이다. 사람이면 누구나 자기가 허락하든 허락하지 않았든 나이 들어가면서 얼굴에는 살아온 개개의 역사를 시각적으로 나타나게 되어 보는 이들도 자연스레 그들의 삶을 짐작하기도 혹은 읽기도 한다. 그런데 어떤 이는 젊음을 되돌린다며 자신의 소중한 역사를 가감하며 지워버리는 과오를 범하는 사람들이 있다. 이것이 적당하면 다행인데 너무 과하게 찢고 꿰매고 빳빳하게 땅기고 때론 풍선처럼 부풀린 모양은 영락없는 풀 먹인 문풍지 모양 탱탱한 백지처럼 어색하기만 하다.

수십 년간 쌓아온 자신만의 소중한 역사를 순간에 지워버리는 우를 범하고도 그 속에서 과연 행복하고 당당해질 수 있을까? 그런 용기와 행동이 전혀 부럽지 않은 건 나만의 생각만은 아닐 것이다. 행여 구겨질까 마음껏 웃지도 못하는 얼굴에서는 보는 이의 시선도 자연스레 굳어져 버린다. 표정 속에 들어 있는 진실을 함께 도둑맞은 느낌이다. 한껏 땅겨진 그들의 얼굴에선 아무런 삶의 무게도 지나온 진솔한 삶의 진실들을 읽을 수 없게 지워버린다. 이런 사람은 가장 아름다워야 할 웃음에서도 인간만 있을 뿐 사람의 향기를 느낄 수도 없는 것이다. 자신의 굵은 주름에도 당당할 수 있는 그런 사람으로 살아갈 수 있다는 건 자랑스러운 일이다.

차창 밖의 먼 산들의 변화가 새롭다. 앙증맞은 아기 손 같던 연푸른 새싹들의 아름다움이 어제 같았는데 벌써 지나치는 차창 밖의 산은 녹색의 향연들을 펼치고 있다. 동색이어도 동색이지 않은 그래서 더욱 정겨운 자기만의 순박한 색깔로 섞이어 티 내지 않으면서 아름다움을 빛내는 이런 것들이 모여 있어 더더욱 조화롭다. 어떤 지인이 말하길 먼 산들의 변화들이 예사롭지 않게 느껴질 때쯤이면 그곳으로 갈 날이 가까워짐을 느낄 수 있다 했던가?

차창 밖의 풍광은 평소 거실에서만 바라보던 그런 풍광이 아니다. 지나치는 먼 산들이 겹겹이 정렬하듯 앉아 있는 그 수많은 능선마다 각각 하늘을 이고 있어 더 넓은 풍광을 안게 되는 건 시야에 막힘이 없기 때문이다. 길을 가면서도 차를 타고 먼 길을 떠날 때도 먼 산은 늘 가까이에 있었지만 잊고 살아온 것뿐. 산 쪽으로 시선이 자꾸 가는 걸 보니 어느덧 나도 먼 산이 아름다워 보이는 나이에 닿은 듯하다.

자판기 커피

8시까지 경주에 도착해야 하는 약속 시간을 맞추기 위해 5시에 일어나 급히 세수하고 편한 옷차림으로 차에 올랐다. 아직 해도 뜨지 않은 어둑어둑한 새벽길. 온 세상이 잠에서 깨어나지 않고 졸고 있는 시간이다. 새로 난 중부고속을 타기 위해 도착한 상주 톨게이트에는 가로등이 잠을 깨우려는 듯 지루하게 긴 하품을 하는 이른 시간이다. 중부고속도로를 달리는 내내 차들은 하나도 보이지 않는다. 한참을 달리다 경부선으로 갈아타니 고속도로 갓길에는 트럭들이 줄지어 쉬고 있다. 밤새 달려온 피로감에 차 안에서 단잠들을 자는 모양이다. 지금 그들은 싣고 간 짐들을 목적지에 내려주고 출발한 곳으로 되돌아가는 길일 것이다. 새벽 공기를 타고 붉게 퍼지는 동쪽엔 아침 해가 뜨고 있다.

갑자기 배가 고파진다. 도착하면 바로 골프 행사에 참석하기 위해선 아침을 미리 먹어두어야 할 것 같아 잠시 쉬어가기로 한다. 대구를 지나 평사휴게소에 들러 국밥으로 아침을 대신했다. 밖으로 나와 커피 자판기를 찾아보지만 자판기는 보이질 않아 한참을 이리저리 찾아보다가 약속 시간에 늦어질까 봐 찾기를 포기하고 다시 차를 타고 출발해버렸다. 조금을 달리자 아침 먹은 포만감과 채우지 못한 새벽잠으로 자꾸만 내려오는 눈꺼풀에 쉬어가야 할 것만 같은데 휴게소가 보이지 않는다. 얼마큼을 더 달리다 보니 마침 건천휴게소가 보인다.

다시 휴게소에 들어가 잠을 깨우기 위해 자판기에서 커피를 뽑아 들고 건물 모서리에 있는 나무 밑 의자에 앉아 미풍 속에 나를 맡겨본다. 얼굴을 스쳐 지나는 미풍이 참 기분 좋게 한다. 혼자만의 시간이라 더 좋다. 평소 비싼 커피보다 혼자 운전할 땐 길가의 자판기 커피를 좋아한다. 일명 다방커피라고도 하는 자판기 커피는 설탕에다 프림까지 들었으니 분명 몸에는 좋지 않을 터지만 운전 시 휴게소에선 꼭 찾아 마시는 게 졸음 탓만은 아니다.

가격은 물론 300원으로 저렴하고 양도 적당한 데다 게다가 인간적인 친근함과 그 옛날의 향수까지 즐길 수 있으니 자판기 커피를 찾는지도 모른다. 따뜻한 자연 친화적인 종이컵에 담긴 커피는 손안 가득 따뜻함으로 감싸주고 온몸 깊은 곳까지 따뜻하게 데워주며 커피 향은 또 코끝을 즐겁게 한다. 이게 바로 300원의 행복이다.

나무 사이로 들어오는 아침 햇빛이 좋고 싱그러운 아침 바람을 안고 벤치에 앉고 보니 마침 새벽 햇살 담긴 자판기의 커피 맛도 일품이려니와 이른 아침 틈새의 한가함을 즐길 수 있어 더욱 평온하다.

지금 휴게소엔 지나치는 몇 사람뿐. 차량도 사람도 드문 한가한 시간이다. 방금 어둠을 걷어낸 공기도 맑은 새벽 시간에 나무 밑 의자에 앉아 나만의 한가한 커피타임을 맘껏 즐기는 행복한 시간이다. 이렇게 바쁜 일정에서도 시간차 여유를 즐기는 것은 어느덧 나의 습관이 되었다. 내게는 이런 작은 시간이 삶의 활력소가 되기 때문이다.

팀이 함께 움직일 땐 함께한 사람들을 배려한답시고 원두커피란 놈을 시켜 먹지만, 그 양이 거짓말 좀 보태면 바게스통만 한 크기라 마시는 즐거움보다 마셔야 하는 의무감에 다소 부담스럽다. 그러나 그 자리에서 금방 뽑아내는 원두커피의 향이 코끝을 유혹하지만, 지금은 그 커피의 향만으로 마시는 기쁨을 대신하려 한다. 언젠가는 건강을 핑계로 원두커피로 기호가 바뀌게 될지는 모르지만, 지금은 아무튼 아직 난 자판기 커피가 좋다.

벌초

그동안 추간판돌출로 인한 통증 때문에 고생하면서도 누워만 있을 수 없어 쉬며 일하며 하루를 견뎌왔는데 벌써 추석이 얼마 남질 않았다. 고장 난 몸 때문에 올해는 여느 때보다 더 힘든 추석을 보내야 할 것 같다. 추석을 위해서 제일 먼저 준비해야 할 것이 산소의 벌초이다. 해야지, 해야지 하면서도 몸은 도통 생각을 따라가지 않는다. 산소에 덮여 있던 쑥을 뽑으려 뜨거운 태양을 피하여 해 질 녘에 3시간씩만 해 보려고 셋째와 같이 작업복을 갈아입고 산소로 향했다. 거리가 멀지 않은 곳에 있기에 마음만 먹으면 금방이라도 갈 수 있는 장소라 그나마 다행이다.

산소에 오르다 보니 산소 옆 작은 텃밭에는 평소에 고구마랑 땅콩을 심었던 그 자리를 갈아엎고 땅을 반반하게 밀어 게이트볼장으로 바꾸어놓았다. 지금 그곳에는 한가한 노인들이 떠들며 운동을 하고 있다. 게이트볼을 치는 그들은 때론 크게 함성을 지르기도 하면서 즐거운 시간 안에 함께 들어가 있어 즐거운 듯하다. 그러다 인기척에 놀란 듯 지나는 우리를 다 함께 쳐다본다. 한동안 찾지 않은 산소에도 그동안 변화가 있었던 것이다. 게이트볼장 가까이 있는 아파트에 사는 노인네들을 위해 만들어놓은 사랑방이고 놀이터인 셈이다.

쳐다보는 시선을 무시한 채 산소에 도착하니 풀은 여름내 무릎까지 커져 있다. 순간 죄송한 마음이 들지만 바쁘니 어쩔 수 없었다고 이해를 구하는 나는 영락없는 자기 합리주의자인가 보다. 뜨거운 태양을 피하려 해 질 녘에 올라온 것인데, 산모기란 놈 어찌나 지독하고 사나운지 시커멓게 생긴 놈이 길게 난 시커먼 침으로 옷 위를 뚫어 사정없이 찔러댄다. 무방비 상태로 산모기에게 내준 대가로 온몸은 울퉁불퉁 부어오른다. 두어 시간 쑥을 뽑다 돌아오면 곧바로 샤워하고 누워서 끙끙거린다. 돌침대의 온도를 최고로 올려놓고 그 위에 고장 난 허리를 대고 누우니 다소 시원한 느낌이다. 쉬어줘야만 내일도 산소에 남기고 온 일을 마저 할 수가 있다. 그러기를 사흘 드디어 쑥 뽑아내기를 다 끝냈다.

애초부터 끝마무리는 예초기로 깨끗이 정리하기로 생각했던 터라 쑥 뽑기가 끝난 날은 벌초가 다 끝난 양 개운한 마음이지만 무리를 감당치 못해 허리는 자유롭지 않다. 예초기로 벌초 작업이 시작되던 날, 나는 제초제를 사 들고 가 군데군데 웃자란 아카시아 나무를 톱과 전지로 잘라낸 뒤 갖고 간 낡은 칫솔모에 제초제를 듬뿍 묻혀서 뿌리까지 스며들게 뿌리고 다독이며 적셔주었다(이렇게 하면 아카시아는 싹을 틔워 내지 못한다). 다섯 봉은 예초기를 갖고도 한참을 해야 하는 작업량인데 사람 키만큼이나 자란 잡초들 속에 숨은 쑥을 골라내느라 짓밟아 놓은 탓에 풀이 꺾어지고 누워버려 도통 예초기의 날이 제대로 먹혀들지 않아 작업을 힘들게 한다. 예초기를 돌리던 일꾼들은 줄어들지 않는 작업에 짜증이 날 수밖에 없다. 쑥 찾느라 헤쳐놓은 풀들이 꺾여 누운 잡초들이 엉켜 예리한 날 속으로 빨려 들어가 감겨버려 잘리지 않아 작업 시간이 늘어날 수밖에 없게 한 것이다.

30도가 넘는 무더운 날씨에 땀은 비 오듯 흐르고 뜨거운 가을볕 아래 빨리 일을 마치고 돌아가려 했던 예상을 뒤엎은 억울함이었을까? 일그러진 일꾼들의 표정을 보며 괜한 미안함에 눈치만 보고 있다. 땀 흘리며 일하는 모습은 사람만이 가질 수 있는 가장 아름다운 모습이다. 그 어떤 상황에라도 찡그리며 하는 일은 아름다운 모습이 될 수 없다. 여느 해보다 힘들게 일을 마쳤지만 그래도 올해 벌초도 끝냈다.

무료 급식소에서

장소도 점검할 겸 그리고 회우가 기증한 이불도 미리 전달할 겸 급식소를 하루 전에 찾았다. 계림 성당 안에 들어서자 눈이 순한 키 작은 성당 책임자 수녀님과 키가 멋없이 큰 급식소 담당 수녀님 두 분이 반갑게 맞아주신다. 안내된 급식소 안에는 오늘 급식 봉사를 막 끝낸 레지오팀들이 회의를 하고 있다. 연배도 고만고만한 눈이 선한 여성들의 주름진 얼굴이 정감 가는 모습들이다.

이렇게 뒤쪽에서 인정받지 않아도 묵묵히 해나가는 이 작은 것들이 세상을 바꾸어가는 것들이다. 아름다운 이런 행동 하나하나가 향기 되어 곳곳에서 하나의 빛이 되고 소금이 되는 것이다. 그들을 보니 왠지 넉넉해지는 것이 살아 있음이 싱그러워진다. 한쪽에선 오르기 위해 두 손이 닳도록 비벼대는 사람들이 있는가 하면 자기합리화를 위한다면 그 어떤 희생도 마다하지 않는 사람들이 있는 메마른 세상 속에서도 이런 작은 봉사를 하는 이들이 있기에 우리를 살맛 나게 하는지 모른다.

무료 급식소에서 신년을 맞이하여 130여 명의 노인에게 무료 급식을 하는 날이다. 봉사하기로 한 날 봉사대 회장단과 회원 15명이 약속 장소로 나왔다. 오늘 우리가 정한 점심 메뉴는 떡국이다. 썰어놓은 떡을 미리 담아 찬물에 깨끗이 헹구어 건져놓고 떡국에 들어갈 계란은 흰자와 노른자로 나누어 곱게 지단을 따로 부쳐서 곱게 채쳐놓았다. 구이를 하기 위해 미리 다듬어온 불린 명태와 물오징어는 깨끗이 씻어 바구니에 건져 물이 빠진 후에 일일이 프라이팬에 익히고 큰 냄비에 간장과 설탕을 섞은 물을 끼얹어 은근한 불에 졸여가며 간이 고루 배게 간장물을 되씌워가며 천천히 찜을 만든다. 이빨이 시원찮은 노인들을 배려해서 물렁하게 준비한 떡국 반찬인 것이다.

한 사람은 성당 밭에 심긴 배추와 파를 뽑아오고 또 한쪽에서 뽑아온 배추와 파를 씻느라 부산스럽다. 한쪽에선 둘이 마주 앉아 씻은 배추로 배추전을 굽고 한 사람은 부친 배추전을 도마에 얹어 먹기 좋은 크기로 썰면 또 한쪽에선 그걸 접시에 보기 좋게 담아놓는다. 다른 쪽에선 다진 쇠고기를 볶아서 간장으로 간을 맞추고 볶은 고기를 따로 그릇에 담아놓는다. 또 한쪽에선 김을 구워내면 한 사람은 구운 김을 부숴서 그릇에 담아둔다. 이렇게 봉사하는 날은 봉사자들에게 일일이 일을 배분하지 않아도 된다. 일이 시작되면 누구나 빈 곳을 찾아들어 가 열심히 일을 줄여나갈 수 있는 건 그간에 쌓인 봉사자의 노하우다.

한 팀은 그곳에 있는 제일 큰 2개의 솥에다 떡국 물을 잡아서 끓인다. 시간에 쫓기면 말은 줄어가나 대신 몸이 신속하게 움직이는 건 회원들의 자연스러운 모습이다. 12시의 점심시간을 맞추기 위해 모두의 손이 빨라질 즈음 간을 해놓은 떡국물에 씻은 떡을 집어넣고 끓인다. 급식할 인원이 많기에 미리 떡을 데쳐 건져 놓으려는 것. 어지간히 준비가 다 되어갈 즈음에 급식소 안에 노인들이 하나둘 모이기 시작한다.

11시 30분이다. 일에 열중하다 보니 노인들은 금방 급식소 안 의자를 다 채우고 빈 의자가 모자라 바닥에도 군데군데 모여앉아 있다. 끓은 떡국 물에 미리 데쳐놓았던 가래떡을 그릇에 담으면 또 한 사람은 그 위에다 지단을 한 사람은 다진 고기를 한 사람은 김을 줄 서 나누어 담아내면 마지막에 끓인 국물을 부어내면 떡국이 완성된다. 그간 미리 만들어놓은 물렁한 오징어구이와 명태구이를 예쁘게 담는다. 한쪽에선 구워서 미리 담아놓은 배추전을 챙긴다. 썰어놓은 김치를 담고 시금치와 함께 무친 곤약도 담았다. 가져간 노란 귤을 보기 좋게 담아서 일이 없는 회원은 발 빠르게 상차림을 거든다. 순식간에 상차림이 끝나고 떡국을 한 사람 한 사람 앞에 날라다 드린다. 오신 노인들은 식사가 끝나자 하나둘 모두 자리를 떠난 후에야 하는 회원들과의 점심은 불어터진 떡국이지만 맛있는 건, 회원들의 화장기 없는 모습만큼 꾸미지 않는 마음이 모인 봉사여서 더욱 보람 있고 즐거운 것이다. 봉사가 끝난 뒤의 행복감은 그 무엇과도 바꿀 수 없는 값진 것이기에 우린 오늘도 이렇게 이곳에서 봉사를 하는 것이다. 오늘 하루도 모두가 충만한 하루였다.

느린 속도감 때문에

마지막으로 아이의 결혼식 날짜를 받으면서 혼자서 할 수 있는 일을 찾겠다는 생각에서 늘 기회가 된다면 못다 한 공부를 해 보고 싶다고 했던 것이 생각나 급하게 사이버대학 사회복지학과 3학년에 편입학 서류를 내버린 것이다. 일을 저지른 건 애들이 다 떠난 후면 앞으로 생길 한가한 시간에 괜히 엉뚱한 곳을 기웃거리게 될까 봐 미리 마음 단속부터 하자는 생각에서이다.

이어 아이 결혼식 준비에 바쁘게 뛰어다니다 보니 내가 저지른 일은 한동안 까맣게 잊어버리고 있었다. 아이의 결혼식 날은 받았는데도 준비는커녕 몸이 먼저 고장 나 병원에 예약과 진료를 거듭하다 보니 아이 결혼식 준비도 임박해서 겨우 하게 되었다. 결혼식은 무사히 끝났는데 다시 몸에 탈이 난 거다. 온 힘 다해 마지막 결승점에 골인하는 순간 넘어져 헉헉거리는 마라토너처럼, 내 마지막 책임을 다한 뒤에 오는 안도감으로 긴장의 끈을 놓아버린 몸이 각각의 기능들이 뒤틀려 삐걱거리며 반란을 시작한 것이다. 평소엔 감기약은 안 먹고도 잘 견뎠는데 이젠 의사의 지시를 순순히 따르며 약을 챙겨야 하는 소극적인 겁쟁이가 되어버린 것이다.

어영부영하다 보니 날짜는 가고 개강한 첫 학기는 당연히 힘들 수밖에 없다. 나를 잡기 위한 수단으로 시작한 공부가 오히려 내게 훨씬 더 많은 스트레스로 다가온다. 그동안 먹고 사느라 바쁘게 살았어도 간간이 이웃의 삶들도 돌아보며 찾아가 봉사하며 느꼈던 것을 좀 더 알고자 시작한 것이 그동안 쓰지 않아 녹슨 두뇌를 워밍업하는 지금의 순간이 힘들다.

게다가 온라인 강의여서 서툰 컴퓨터의 기능부터 익히느라 마음을 더 급하게 한다. 시간에 구애도 받지 않겠다 싶고, 내가 원하는 시간에 맞추어 집에서 공부할 수 있다는 이점 때문에 쉽게 선택한 온라인 강의지만, 첫날부터 생소하고 당황스러운 건 아날로그에 익숙한 나이 탓인 듯하다. 지금까지 종이에 쓰인 문서들을 속도감 없이 읽어가는 느린 속도에 익숙해진 노인을 세월은 빠른 속도로 현재의 변화된 세상 속으로 밀어 넣고 있다. 온라인 교육이란 것이 컴퓨터 화면의 문서를 읽고, 기억하고, 판단해야 하는 빠른 사고가 요구되는 것이기에 아날로그에 익숙한 나이 많은 세대에겐 적응하기 힘들다. 그동안 내가 맡은 의무들을 나름대로 완벽하게 해결하려고 하다 보니 눈은 10년을 앞서가 있어 서툰 컴퓨터의 사용법이 또 다른 스트레스로 다가온다. 그러나 한편으로는 평소 살아왔던 느린 감각이 빠른 사고를 요하는 세상과의 만남으로 새로운 에너지가 됨이 즐겁다.

우선 익숙하지 않은 컴퓨터 앞에서 교안 다운받는 법부터 배워야 한다. 책은 구하기도 어려워 교안을 일일이 프린트해놓고 읽고 들으며 하는 서툰 방법으로 온라인 수업에 적응할 수밖에 없다. 빠르게 지나는 화면을 놓치면 잘못된 판단이 생길 수도 있기에 이해하기 어려운 대목을 반복해서 듣다 보니 속이 메스껍고 울렁거린다. 그걸 참고 계속하다 보면 명치끝에 단단한 것이 뭉친 듯하다. 이러다 늦게 시작한 공부가 건강을 해치진 않을까 하는 우려감에 걱정이 앞선 마음을 어찌할 수 없지만 후회는 없다. 하지만 또 한 마음은 늦게 시작한 이 길에서 후회를 안고 갈등한다. 여가 시간 짬짬이 하면 될 거라던 애초의 예상은 무너져버렸다. 노인에겐 생소하기만 한 컴퓨터의 빠른 감각을 익히기에도 부담되는데, 또한 온라인 강의에 익숙하지 않아 반복해서 듣다 보니 자연히 장시간 앉아 있게 되어 힘들 수밖에 없다. 그러다 보니 또 몸이 고장 났다. 병원에 다니며 강의를 듣다 보니 과한 욕심을 부린 것 같아 앞으로 계속할 것인지 뒤로 물러서 없던 일로 할지 고민 중이다. 이해도 못 한 채 수강 시간으로 출석만 채워 나가다 보니 수시시험 날짜가 잡히고 급한 마음에 책상 앞에 앉아 교안을 들고 읽어보지만, 나의 시선은 한 문장에서 멈춰 앉아 머리는 휑하니 백지가 되어버린다.

방에서 거실로 책상을 들고나왔다. 탁 트인 시야와 갑장산을 마주하고 앉으면 정신이 다소라도 맑아질까 해서이다. 4주차분 교안을 들고 읽어보지만, 눈은 교안의 한 대목만 읽고 멈춰 머릿속은 엉뚱한 상념(想念)들만 왔다 갔다 할 뿐이다. 정신을 맑게 해 보려고 방에 있는 미니 전축을 거실로 들고나왔다. 평소 좋아하는 베토벤의 전원 교향곡 CD를 틀어놓고 조용하니 제법 공부 분위기를 잡아보지만, 1주 차 1교시도 다 읽기 전에 이번엔 형광펜이 필요하다. 다시 방에 들어가서 들고나와 거실에 앉고 보니 이번엔 또 지우개가 필요하다. 이렇게 방과 거실만 들락거리다 보니 마음만 바빠질 뿐 머릿속은 더욱더 텅 빈 채로 아무것도 채워지질 않는다.

문득 지인이 늘 하던 말이 가슴에 와닿는다. "조리로 물 거르듯 하는 나이에 와 있는 지금, 뭘 더 할 수 있겠다고." 나도 조리로 물 거르듯 하는 나이에 어느덧 와버린 것이다. 아무리 요점을 걸러 보아도 걸리지 않고 다 텅 빈 머릿속엔 쓸데없이 잡다한 것들만 들어와 앉아 멍 때리게 한다. 오프라인 강의보다 온라인 강의가 학교 가지 않아서 좋고, 내가 필요한 시간대에 강의를 들어서 좋을 것 같아 쉽게 선택했는데 장시간 의자에 앉아 있다 보니 나도 모르게 삐뚤어진 자세가 되어 허리 통증을 배가시킨다. 나를 잡아두려는 방법으로 시작한 새로운 도전이 오히려 나의 건강을 갉아먹는 건 아닌지 괜한 노파심에 그만둘까를 하루에도 열두 번은 더 생각하며 나와의 싸움을 계속하는 중이다. 대강대강 하는 공부로 알았던 온라인 수업의 어려움을 실감한다.

곁에서 아이들 중 누구라도 그 나이에 뭐 하려고 힘들게 그러냐고 그만두라고 할 만도 한데 아무도 나에게 그만두란 말도 하지 않는다. "엄마 대학 공부란 게 다 그런 거야" "개론이란 게 원래 뜬구름 잡는 것 같은 거야" 하며 아주 쉽게들 말한다. 손자 녀석은 "외할머니 나 오늘 수학 100점 맞았어요, 할머니도 시험 잘 치르세요." 말한다. 손주의 격려 전화까지 오고 셋째 놈은 아예 컴퓨터 앞에 두라며 전자파를 줄여준다는 작은 선인장 화분을 두 개씩이나 사다 준다. 이러니 자존심에 빼도 박도 못하고, 따라가긴 어렵고, 내가 시작한 일을 내가 못 하겠다고 할 수는 없으니 그냥 계속할 수밖에 없을 듯하다. 애들과 손주들이 조리로 물 거르듯 하는 나이의 한계를 알 수도 없으니 늦게 저지른 나의 도전이 이어지려면 젊은이들과 함께 갈 수 있게 더 많은 시간을 투자해야 할 것 같다. 굵은 조리에서 가는 조리로 계속 걸러 가다 보면 많은 시간 뒤엔 분명 걸러지는 게 있을 터이니. 그러기 위해서는 더 많은 시간을 컴퓨터와 마주해야 할 것 같다. 이미 한 발을 내디뎠으니 절반은 온 것이고, 다시 뒤로 돌아갈 수는 없으니 앞으로 가야만 하는 것이다.

결승점

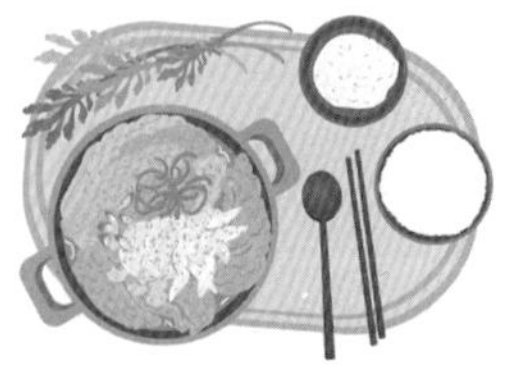

병원을 문턱이 닳도록 다닌 적이 있는가? 몸이 여러 곳에서 노란불을 켜대고 있다. 누가 뭐래도 흔들리지 않을 굳건한 정신력을 갖고 있다고 자부하곤 하지만, 혹사해버린 육체는 지금 이곳저곳에서 나 좀 봐달라고 소리를 내고 있다. 쉬지 않고 써먹기만 한 육체가 항변하는 소리들이다. 지금까지 살면서 정말이지 내게만은 인색하기 그지없었다.

수년 전 종합검진을 위한 기초조사에서 하루의 식사량을 적어내는 항목을 보고 의사도 놀랐고 나도 놀랐다. 아침에 먹은 것과 점심과 저녁에 먹은 것이 무엇인가를 적어내는 질문지에 나 자신도 당황했다. 적어야 할 것이 두어 가지뿐 더 이상은 아무리 생각해도 없었으니까. 도대체 뭘 먹고 사느냐며 놀라던 의사에게 할 말이 없던 것은 새삼 나도 놀랐기 때문이다. 결과는 어이없게도 영양실조로 내려졌지만, 그 후에도 하루의 일에만 충실했을 뿐 나에 대한 더 나은 양질의 음식은 사치라며 방치한 채 가혹하리만치 달리기만 했었으니 달리는 마지막 의무를 위해 목표점까지 최선을 다해 도착한 후엔 곧바로 몸이 고장 난 것이다. 달리는 동안 내내 잘 참아주던 몸이 이제는 더 이상 견디지 못하겠다는 듯 항변을 시작한 거다.

이제부터라도 육체의 항변에 귀 기울여 듣고 챙기고 아끼면서 나를 잘 다스려가야 할 때인 것 같다. 늦었지만 지금부터라도 나를 위한 투자를 아끼지 않고, 고장 난 곳은 고치고 때우며 휴식의 공간에서 고장 난 몸부터 챙겨줘야겠다. 지금은 모든 일은 잠시 뒤로 접어두고 얼마가 될지 모를 남은 생을 위해서도 휴식 시간을 조금씩 늘려가야 할 것 같다. 육체의 휴식만이 아닌 정신의 휴식도 함께 나만의 휴게실을 만들어놓고 가끔 그 안에 들어가 혼자만의 시간도 가져야 할 것 같다. 늦었지만 이제부터는 끼니만큼은 챙겨 먹도록 신경 써야 할 것이다. 그동안 자식을 챙겼듯 이제는 당분간은 나를 챙겨야 할 때인 것 같다.

무제 1

눌러만 두었던 감정을 털어낸 뒤의 후련함이 좋다. 그러나 후련함 뒤에 오는 이 찝찝함은 무엇인지 역시 털어내지 말고 그냥 품고 있어야 하는 것들이기 때문이다. 지금까지 참았으면 앞으로도 참아야 하는 것이다. 다 지난 일을 한참이나 지난 지금에서 잘잘못을 따져서 어쩌겠다는 것인지 몇 개월 동안 참고 괴로워 고통스러워했던 일을 순순히 말해버렸다. 어쩌면 했어야 할 얘기들일 텐데도 후련함은 잠시뿐 다시 바위같이 무거워지려는 이 마음은 어쩌지 못한다.

그럴 수가 있냐고 흥분해서 쩔쩔매던 때도 모든 게 내 탓이라며 속내를 드러내지 않았는데 어떻게 이야기하다 그만 일이 꼬이는 과정을 차근차근 설명까지 해버렸으니, 그 말이 건너고 건너 더 큰 회오리 속으로 말려들진 말아야 할 터인데 괜한 우려감에 찝찝함을 견딜 수 없다. 다시 시끄러운 일이 일어나진 말았으면 하고 말을 들어준 연배 높으신 선배님의 깊디깊은 옳은 판단으로 다시는 예전의 회오리 속으로 몰아가지 않았으면 좋겠다. 예전보다 더 이상 나빠지지 않게 되었으면 좋겠다. 그러나 한 번 뱉은 말은 주워 담을 수 없음을 어쩌랴. 조금만 신중하게 예전에 그랬던 것처럼 한 번 더 눌러둘 것을 쉽게 털어낸 것이 후회된다.

그러나 사람은 이렇게 후회하고, 돌아보고, 반성하면서 커가는 것인지도 모른다. 누구에게 속내를 털어낸다는 건 쉽게 생각할 일은 아닌 듯하다. 돌아올 그 무게의 고통을 잘 알기에 그리고 아무리 연배 높은 선배님일지라도 직접 보지 않았으니 판단이 한쪽으로 치우칠 수도 있는 일이라 우려된다. 그 선배 앞에선 유치하고 비굴하리만치 저자세가 되어 잘하는 모습만 봐오던 사람이 어찌 그 사람에 대해 옳은 판단을 하리라 생각했었는지 알면서도 쉽게 나온 말이 후회된다. 내게 보이는 말과 행동이 다르고, 연배 높은 선배 앞에서 보이는 행동이 다른데, 얼마나 바르게 그 사람을 판단해주리라 믿지도 않으면서도 털어놓은 것이 후회된다. 믿지도 않으면서 속내를 보인 건 실수다.

겨울 한낮

들판에 가로 난 길을 걸어보기로 한다. 눈이 온 뒤의 들판이라 그런지 불어오는 바람이 이빨 드러낸 호랑이처럼 사납고 을씨년스런 날이다. 평소에 차를 타고 지나다 보면 양손을 90도로 굽혀 앞뒤로 흔들며 걷는 운동하는 사람들을 보고 여유와 풍요를 누리는 딴 세상 속의 사람인 듯하여 늘 부러워만 하던 나였다. 지금의 나는 운동으로 10㎏을 빼야만 한다. 그동안 허리가 고장 나, 정형외과 약을 한 달 동안 계속해 먹었더니 체중이 10㎏이나 불어난 것이다. 그래서 바쁜 일이 없을 때는 될 수 있는 한 걷기로 한 것이다.

수동 만보계를 왼쪽 손가락 사이에 끼고 두 손은 주머니 속에다 넣었다. 마사이족들의 걸음걸이를 반영해 만들었다는 신발을 신고 발 뒤꿈치부터 발 중앙으로 그리고 발끝으로 천천히 정성을 다해 한 폭씩 걸음을 옮겨나간다. 눈을 품은 겨울바람이라 매섭도록 차지만 마주하는 찬 바람이 오히려 늘어진 육신을 깨워내듯 개운하기만 하다. 긴장하며 다녔던 바쁜 일정 속에서는 몸도, 마음도 당겨진 고무줄처럼 건드리기만 해도 끊어질 듯 높은 소리를 내며 팅팅거렸는데 임무가 끝난 지금은 긴장을 놓아버린 듯 육신의 모든 것들이 발끝까지 늘어져 흐늘거린다. 마침 내려치듯 때리며 지나는 들판의 겨울바람이 늘어진 육신을 사정없이 후려치고 간다. 정신 들게 하는 이런 찬 겨울바람이 참 좋다.

들판의 농로를 따라 걷다 보니 논 가운데 10평이나 될까 말까 한 간이건물엔 '영농 야외 교육장'이라 쓰여 있다. 아마도 일 철에 바쁜 농부들을 위해 찾아가는 영농교육을 펼치려는 행정기관의 작은 배려인 것만 같다. 동서로 가로지른 농로가 끝나는 곳에 방천길이 남쪽으로 길게 이어진다. 둑을 타고 5분 정도 걸었을까? 둑 위의 바람은 나를 날려버릴 듯 성이 나 있고, 가슴을 뚫고 지나는 바람의 속도가 점차 빨라진다. 굳어지는 뺨과는 달리 무겁기만 하던 몸과 마음은 오히려 훨씬 가벼워진 느낌이다. 둑길 위에선 얼었던 몸이 바람을 안고 가야 하다 보니 찬 바람에 견디지 못한 얼굴이 점점 굳어지는 듯하다. 둑길을 걸으려던 욕심을 버리고 둑 아래 들판길로 다시 내려왔다.

갈 때는 바람을 등지고 가느라 몰랐는데 돌아오는 들판길은 바람을 안고 가야 하기에 세차게 치는 바람에 맞서며 걷다 보니 추위에 견디지 못한 양 볼이 꾸덕꾸덕 감각이 없어지듯 얼얼하다. 얼어버린 양 볼을 주머니 속에서 따뜻하게 데운 손을 꺼내어 얼굴을 녹여본다. 몇 번을 반복하다 보니 이젠 얼굴뿐만 아니라 양손도 얼어버렸다. 목도리를 풀어 눈만 남기고 얼굴에 뒤집어 써보아도 세차게 후려치는 겨울바람은 피할 수가 없다. 목도리의 씨줄과 날줄 사이의 틈이 바람을 막지 못한 듯 사이사이로 들어온 그 바람조차도 시리도록 차다.

벌써 만보계가 5,000보를 가리키고 있다. 매섭게 때리는 찬 바람이 늘어져 있던 나의 영혼을 깨워 제자리에 갔다 둔다. 약속을 위해 만나야 할 장소로 빠르게 걸었다. 기찻길 앞으로 난 오솔길을 걷다 보니 잔설 위에 누군가의 흔적이 이어진 곳에 나는 또 나의 흔적을 보태며 간다. 사람들은 어디에서건 죽을 때까지 이렇게 자신의 흔적을 남기며 살아갈 것이다. 그것이 좋은 것으로 남을지 나쁜 것으로 남을지는 다 본인의 몫이다.

혼자 사는 즐거움

혼자여서 새삼 편안함을 느끼는 중이다. 많은 사람은 혼자 사는 걸 결핍의 시선으로만 보려 한다. 세상 속엔 혼자인 사람은 많고도 많다. 독신주의자라서 또는 사별해서 그리고 이별해서 등등. 그러나 혼자여서 오히려 손에 잡을 것이 적으니 무겁지 않아 걷기도 가볍다. 혼자여도 자기 주관만 뚜렷하다면 앞으로 나아가는데 거칠 게 없으니 걷기가 오히려 쉬울 수도 있다. 때론 혼자이기에 작은 바람도 놓치지 않고 다 안을 수 있는 여유를 만끽할 수 있는 평온함을 누릴 수 있어 좋다. 혼자이기에 마음이 동한 날이면 그곳이 어디든 떠날 수 있고, 며칠 전부터 날짜와 시간을 서로 맞춰야 하는 번거로움 또한 없으니 혼자임이 홀가분하다.

마음이 동한 날이면 어디든 떠나보라. 그곳이 어디든 그 하루는 온전한 내 것이 될 터이니 충만한 하루가 될 것이다. 소중한 시간을 마음이 통하지 않는 사람에게 이리저리 끌려다니며 시간을 소모해버리지 않으니 좋고, 혼자이기에 온전한 시간을 다 가질 수 있음이 좋다. 둘이 가다 보면 이것저것 걸리는 게 참 많다. 챙길 것도 많고, 가질 것도 많아 상처받고, 상처 주며 자칫 쌓은 업보를 다시 함께 지고 가고 싶지 않기에 혼자여서 좋다. 작은 미련까지도 다 흘려보냈으니 잡고 늘어질 인연 또한 세월 따라 흘러가기에 행복하다. 거물에 걸리지 않는 바람처럼 보내려 마음먹었으니 미련 두지 않아 좋다. 살면서 수도 없이 많은 작은 것들을 다 잡아놓고, 놓칠까 신경 쓰며 아파하던 일들이 어리석었음을 이 조용한 하루에 새삼 깨침도 혼자여서 가능하다. 온전하게 혼자만의 시간을 가질 수 없음은 불행이다. 자기 시간을 남에게 내준다는 건 그 시간만큼 남에게 끌려다니는 것이니 지금이라도 혼자만의 시간을 욕심내도 된다.

혼자만의 시간을 낸다는 건 어렵지 않다. 계획되지 않았어도 마음이 동한 날에 거침없이 떠날 수 있으면 된다. 그곳이 걸을 수 있는 곳이어도 좋고, 자전거를 타고 바람을 가르며 지나는 풍광을 다 안을 수 있는 곳이어도 좋고, 아니면 차를 타고 더 큰 풍광을 품을 곳을 찾아 떠나도 좋다. 이 모두 마음 가는 대로 하면 되는 것이다.

그곳이 어디든 혼자이면 된다. 혼자이기에 그 하루를 온전하게 다 가질 수 있을 것이다. 혼자이기에 한가함의 여유를 맘껏 누릴 수 있을 것이다. 혼자이기에 자신만의 시간을 만들 확률은 더 높다. 혼자 산다는 건 부끄러운 게 아니다. 혼자 산다는 건 다만 불편할 뿐이다. 둘이라야 즐거우리라는 건 편견이다. 혼자라서 즐겁지 않다는 것도 편견이다. 둘이어서 행복하다는 것도 편견이다. 혼자라서 불행하다는 것도 편견이다. 행불행을 하나, 둘이라는 단순 숫자로서 가름할 순 없잖은가. 그러나 둘이기에 누릴 수 있는 것은 많고 많다. 혼자여도 누릴 수 있는 것들도 세상엔 많고 많다. 지금부터라도 혼자만의 시간을 즐겨보라. 혼자 사는 즐거움을 찾아 나서라.

그 세월 속에는

이리 맑은 날엔 살아 있음에 감사한다. 고된 세월 사느라 어려움도 많았지만, 지난 세월 속엔 참으로 많은 것이 들어 있다. 추운 겨울 새벽 빙판길 사고로 남편을 잃고 남몰래 흘렸던 눈물이 있고, 남 앞에선 절대로 눈물을 보이지 않던 자존심 강한 나도 있다. 하루아침에 더 이상 내려갈 수 없는 바닥까지 떨어진 막막함에 방향을 찾지 못해 고뇌하던 내가 있고, 그 굴욕의 세월 속에 갇혀 앞으로 살아갈 길이 막막해 두려움에 떨던 밤이 있고, 차가운 눈총에 맞서던 내가 있다. 빈틈을 노려 비집고 들어오려는 유혹의 손길을 뿌리칠 수 있었던 현명했던 나도 있고, 암흑 속에 앞이 보이지 않아 허우적거리던 내가 있고, 베인 상처에 미워만 하느라 긴 세월을 소모하며 아파하던 내가 있다. 자식들이 모두 내 것인 양 집착하며 앞으로만 끌려던 미숙하던 내가 있고, 갑작스러운 남편의 사망으로 부도나버린 약국을 안고 현실을 거부하고 싶은 마음에도 길을 찾으려 고뇌하던 내가 있다. 혹이라도 애들에게 배고픔을 안길까 전전긍긍하며 살길을 찾는다며 긴 밤새우던 내가 있다.

앞이 막혀 더 이상 걸을 수 없게 된 날에도 묵묵히 참고 견디며 홀로서기 위해 인고의 세월을 견뎌낸 대견한 내가 있다. 그 속에서 세상 참 모지다는 걸 깨치며 혼자 감당하며 개척해가며 많은 부류의 사람을 만나며 자존심에 오기를 부리며 역경을 택하던 용감한 내가 있다. 그러나 인생의 가장 밑바닥에서 힘든 세월을 보내던 그때 가장 마음이 넉넉한 사람들을 만나게 된 건 어둠 속에 든 빛이고 행운이었다. 알지도 못하던 사람이 찾아와 위로해 주던 그때의 따뜻함으로 앞으로 살아갈 삶의 방향이 세워지고, 나를 잡아주는 계기가 되었음은 참으로 다행이라 여긴다.

가진 자는 아무런 도움도 주지 않으면서 오히려 아픈 곳을 찾아 찔러 더 아프게 하고 달아나버린다. 더 이상 이득이 될 게 없으니 외면하고 돌아서는 매몰함을 알게 해준 그때의 그들에게도 오히려 감사한다. 세상 속엔 같은 부류의 사람만 있는 게 아닌 다양한 부류의 사람이 있다는 걸 알게 된 인고의 세월 속 그때의 내게 감사한다. 그 후 나눔을 알게 한 봉사 현장에서 만난 수많은 사람들. 그곳에서 힘들게 살아가는 사람들의 삶을 보며 앞으로 어떻게 살아가야 할지의 잣대가 되었고, 주는 것보다 받는 게 더 많음을 알아가던 서툰 사회생활 속의 내가 보인다. 그 속에는 농장에서 힘든 시간을 잊으려 새벽이슬 밭을 다니며 바지가 무릎까지 젖도록 일하며 무심을 깨닫던 내가 보인다.

애들의 사춘기를 보내며 아파하던 내가 있고, 직진만 하도록 아이들을 채찍질하던 서툰 엄마도 있다. 아버지의 깊은 사랑을 아버지의 나이에 알게 되던 내가 있고, 너무나 편안해 생각 없이 엄마에게 한 말들이 늙어 엄마 나이에 그 상처를 깨닫는 내가 있다. 자식은 주기만 하는 짝사랑이란 말로 울게도 웃게도 하는 것이라며 나를 위로하던 작은 내가 있다. 자식 또한 짝사랑에 빠져 그들의 자식들로 웃고 울면서 삶의 의미를 깨달아가며 살아감을 보며, 나 또한 그때는 그러했노라 깨치던 내가 있다. 라이온스 지구 총재 재임 시, 더 많은 사람과 성공한 사람들의 내면과 외면의 또 다른 숨은 곳을 볼 수 있었던 것과 그 속에 있는 나를 보며 고뇌하던 내가 있다. 그러나 지금은 정상에서 내려와 다시 원래의 나로 살려고 노력하는 현명한 내가 있다. 작은 봉사를 하며 남의 눈치 보지 않고 떳떳하게 살려는 내가 있다.

이제 네 명의 엄마로 여덟 명의 손자녀의 할미로서 부끄럼 없이 살았음을 다행이라 여기며 그들에게 모범이 되는 엄마, 할미가 되려고 노력하는 내가 있다. 그러나 애들에게만은 제일로 존경받는 엄마이고 할미이고 싶다. 아이들이 결혼해 하나둘 떠나고 마지막 하나마저 결혼해 떠나보낸 날부터 찾아온 빈 둥지 증후군을 못 견뎌 심히 앓던 나도 있다. 그동안 혼자서 진 무거운 짐을 지고도 꿋꿋이 나의 길을 잘 걸어왔지만, 혹여 외로움에 이곳저곳 기웃거리다 지금까지 잘 살아온 것들이 행여 무너질까 그동안 못한 공부를 시작하자며 다짐하던 장한 내가 있다.

평소 관심 있던 사회복지과에 편입 신청을 하며 설레던 내가 있고, 졸업과제 중 하나로 복지시설 실습을 위해 한 달 내내 정신요양원에서 보내던 열성적인 내가 있고, 이어서 대학원 실버산업과에 등록해 수업을 이어가려던 용기 있는 내가 있다. 미리 노년의 과정을 알게 해준 좋은 시간이 있다. 젊어 학교 다닐 땐 멋 부리며 놀기 바빠 도서관 한 번 찾지 않던 내가 이순 넘은 나이에 대학도서관에서 자료를 찾고 젊은 학생들 속에 끼어 늦게까지 공부하던 열성적인 내가 있다.

졸업 땐 논문보다 시험을 택한 건 잘한 것 같고, 막상 졸업식엔 참석도 하지 않으려는 건 석사학위 따윈 내겐 별 의미가 없었기 때문이라 고집하며 결과보다 과정을 중시하던 내가 있다. 그 세월 속에는 작은 것들이 세상을 바꿀 수 있다고 고집부리던 내가 있고, 세월이 흐른 후 고집부리며 해놓았던 일들이 다시 원위치로 돌아가 있음을 보고서야 내가 부린 고집을 후회하던 내가 있다. 정직하지 않으면서 정직함으로 쉽게 포장하는 사람들 속에서 늦게나마 벗어날 수 있었음을 다행이라 여긴다. 꽃이라고 다 향기가 있지 않지만 향기 없는 꽃을 꽃이라 우기는 곳에 머물고 싶지 않아 하던 내가 있다. 처음이 아니라고 생각되면 마지막도 아니라며, 이어 오던 인연을 무 자르듯 끊어버리고 아래로 내려온 내가 있다. 그 세월 속에는 이제 평온함에 행복을 찾으려는 내가 보인다.

2부

선택의 갈등

혼자인 여성에게는

흔들리지 않을 자신이 있는데 남들은 혼자라는 이유만으로 괜한 우려의 눈길을 보낸다. 인생을 살다 보면 새로운 만남도 이별의 순간을 수도 없이 만나게 된다. 태어나 부모와 살다 헤어지고, 사랑하는 사람과 사랑하다 헤어지고, 좋아하는 친구와 만나고 헤어지며 살아간다. 사랑하던 부부인들 한날한시에 운명을 같이할 수는 없는 것이다. 불행하게도 먼저 가버린 쪽이 여성이면 홀로 남은 남성들은 별다른 사회적 제약을 느끼지 않고 살아갈 수 있다. 그러나 남겨진 쪽이 여성이면 우려하는 입바람 속 도마 위에 심심찮게 올려진다.

"차돌멩이에 바람이 들면 석돌보다 더 쓸모가 없다 카네요." "설마 젊은 여자가 힘든 세상을 혼자 어찌 살아갈 수 있겠어요." 혼자인 여성은 남성과 일대일로 대화할 때 웃으면 아니 된다. 웃는 걸 보면 나름대로의 이유를 붙여 왜 저리 웃을까 하고 괜스레 불안해한다. 사사건건 그러하니 참외밭에서 신발 끈을 매는 일과, 배나무 아래서 갓끈 매는 일과 같이 남이 볼 때 오해의 소지가 되는 행동을 자제함은 혼자 사는 여성들이 짊어져야 할 큰 몫이다.

단정히 차려입고 외출하는 모습에선 혹이라도 바람이 나서 차려입은 건 아닌지를 우려하는 눈빛으로 바라보다가 흐트러진 모습을 보면 이제는 갈 곳까지 가버린 사람이라도 보듯이 측은한 눈빛을 보내기도 한다. 이리해도 불안하고 저리해도 불안하니 도대체 어떻게 살라는 건지. 이렇게 과한 배려와 관심을 받게 되는 혼자인 여성들은 어떻게 사는 것이 잘사는 것인지 헷갈려 자문할 때가 많다. 그러잖아도 두 몫을 해야 하는 어려운 환경 속에서 이런 자잘한 것들을 안고 살아가야 하는 혼자인 여성들이기에 더욱 힘든 것이다.

차를 타고 함께 이동할 때나 식사할 때도 남성과 둘이는 안 되고 셋이나 넷이 함께해야 입바람 속에서 벗어날 수 있다. 부득이 남성과 둘이 이동해야 할 땐 아예 참석하지 않든가 적절한 이유를 붙여 혼자 가든지 아니면 아예 가질 않든지 해야 입바람 속에서 벗어날 수 있다. 이렇게 어려워서야 어떻게 세상을 살아갈 수 있을까? 삶을 위한 일도 헤쳐나가기가 어려운 판에 쓸데없는 남의 시선에 에너지를 써야만 하니 여성은 남성보다 세상 살기가 더 어렵지 않나 생각한다. 아직도 홀로된 여성에게는 이렇게도 조심할 게 많고 눈치 볼 것도 많고 걸리는 것도 참 많다.

때론 자기 내면을 볼 수 있어야

사람들이 마음만 먹으면 집에 앉아서도 손끝 하나에서 많은 것들을 구할 수 있어 빠르고 쉬운 쪽에 알게 모르게 점점 길들여가며 살아가고 있다. 그러나 수많은 정보 속엔 진실한 것들도 진실하지 않은 것들도 수도 없이 많다. 정보는 많지만 어느 것이 진짜인지 어느 것이 가짜인지를 가려봐야 할 정도로 지혜가 절실히 필요한 때이다. 이렇듯 자기의 내면도 잘잘못을 가려내기 위해선 가끔씩은 멈춰서야 한다. 달리던 자동차도 달리다 휴게소에 멈춰 엔진을 식혀주듯 사람도 이와 같이 과부하가 걸리기 전에 혼자만의 시간을 가지도록 노력해야 한다. 반복되는 일정 속에 물 밀리듯 살아가다 보면 육체는 영혼을 떼어놓은 듯 털털거리며 소리를 내게 마련이다.

그러다 빨리 성취하고픈 욕심에 급하게 뛰어가다 보면 빠른 속도감에 시야는 점점 좁아져 막상 중요한 것들을 놓치며 살아갈 수도 있다. 보이는 것에 익숙해 살다 보니 정작 육체 속에 숨겨진 진실한 나를 보지 못하게 된다면 먼 훗날 실망한 자신을 만나게 될 게 분명하다. 멈추지 않고 계속 달리다 보면 정작 자신도 어디로 가고 있는지조차 모른 채 그냥 달릴 수도 있다. 뛰어가면서도 뒤를 돌아보며 자기의 영혼이 잘 따라오는지를 확인한다는 인디언 속담처럼 가끔씩 순간의 시간이라도 멈춰 자기 내면을 들여다보는 습관을 가진다면 어떨까?

그러기 위해서 내면을 볼 수 있게 시간차 여유를 활용하는 습관을 들여도 좋다. 시간차 여유란 말 그대로 어떤 장소를 정할 필요도 없으며 따로 시간을 내지 않아도 된다. 지금 쓰고 있는 시간 중에서 틈새의 시간이면 족하다. 긴 시간은 필요치 않다는 것이다. 장소 또한 그곳이 어디든 상관없다. 하루 속에 들어 있는 시간 중에서도 잠깐씩 나는 자투리 시간이면 족하다. 그냥 마음이 하자는 대로 잠깐씩 멈춰 내가 지금 잘 가고 있는지를 돌아보면 되는 것이다. 즉 달려가려는 몸이 뒤따라오는 영혼을 조금씩 기다려주면 되는 것이다. 그게 바로 내 몸의 균형을 위해서도 좋다.

혼자만의 시간 속에 들어 돌아보고 잘못된 것은 반성하고 수정해 간다면 미래는 분명 밝게 펼쳐질 것이다. 이걸 일상의 시간 속에서 자주 만들면 된다. 그리하면 빠르지 않게, 급하지 않게, 서두르지 않는다면 가끔씩 멈춰서 뒤를 돌아보게 될 것이다. 그것이 바로 몸과 마음을 건강하게 이끄는 하나의 방법이 될 수 있다. 우리 모두 자기 내면을 볼 수 있도록 틈새의 시간들을 활용해 보면 어떨까? 장소가 정해져 있지 않으니 그곳이 어디든 마음만 먹으면 누구나 할 수 있다. 가끔은 멈춰서 뒤를 돌아보자.

크리스마스카드 한 장

내게는 어리게만 보이는 막내가 연초에 결혼했고, 그리고 허니문 베이비를 출산한 지도 2개월이 넘었다. 내게 있어 아직까지도 초등학생으로만 보이는 막내는 자기 닮은 예쁜 아들을 낳았다. 처음엔 조산이라 모두에게 많은 걱정을 안기긴 했지만, 너무나 작았던 천사가 이제는 정상아와 같은 체중으로 늘어났다면서 웃음 띤 천사의 사진과 함께 부쳐온 손수 만든 크리스마스카드엔 활짝 웃는 작은 천사의 사진이 붙어 있다.

어엿한 아기 엄마로, 사랑스런 남편의 아내로, 어설픈 주부로서의 자리를 당당하게 헤쳐나가고 있는 듯 이젠 제법 엄마의 걱정도 챙기는 여유를 보인다. 작은 천사가 장가가서 애기 낳는 걸 보려면 엄마의 건강을 제1순위로 챙기면서 사셔야 된다는 간곡한 메시지가 담겨 있다. 작은 천사가 장가를 들려면 앞으로 30년? 설마 내가 그렇게야 살 수 있을까마는 왠지 듣기 싫지 않은 게 기분이 좋아진다. 천사의 아빠는 평소 말수가 적은 탓에 표현을 못 하던 것을 카드에 함께 적어 보냈다. 전하는 말이 길지 않아도 감동은 얼마든지 줄 수가 있다. 짧은 글이어도 그 속엔 따뜻한 마음을 품어 보낼 수 있다. 막내가 작은 천사 사진 위에다 말풍선을 달아 놓았다.

"함미야!"
"보고 싶어요!"
"♥사랑해요♥"

마치 작은 천사가 하는 말처럼 쓰여 있다.

오늘은 이 작은 크리스마스카드 한 장이 내게 숨겨져 있던 웃음을 자연스레 끌어내준다. 이 작은 크리스마스카드 한 장이 나를 무척이나 행복하게 한다. 행복이란 바로 이런 작은 것. 정성 담긴 글로 전해오는 작은 크리스마스카드 한 장이 오늘 하루를 행복하게 한다. 그리고 작은 천사로 하여 더욱 행복해진 하루이다. 너희들의 따뜻한 온기가 카드 속에 가득한 걸 보니, 나는 이젠 너희들 울타리 밖에 서 있어도 될 것 같다. 알콩달콩 너희 가족만의 새로운 역사를 만들어가는 걸 옆에서 바라보고 지켜주는 너의 든든한 배경이고 싶다. 고맙다. 그리고 사랑한다.

미소가 아름다운 할머니 할아버지가 되자

돋보기의 도수가 높아지면서, 대체할 이빨의 숫자가 늘어나면서, 검은 머리보다 흰 머리카락의 숫자가 많아지면서, 이마의 주름이 하나둘 늘어나면서, 사람들은 살아온 날보다는 앞으로 살아갈 날들이 짧아짐을 실감한다. 이때쯤이면 누구나 한 번쯤은 인생무상을 느끼게 된다. 정신을 차려 보니 세월이 찰나에 지나갔음에 놀라게 된다.

그동안 헌신적으로 가족을 위한 삶을 사느라 자신은 뒤로 밀쳐둔 채 살아왔으니 지금부터라도 자신에게 관심을 갖고 사랑하는 법을 익혀나가야 한다. 젊어선 더 나은 경제적 삶을 위해 끼니 거르며 일하느라 애당초 자신에겐 눈길 한 번 주지 않고 바쁘게 살아왔으니 이젠 자신을 달래고 아끼고 사랑하며 살아야 한다. 지금까지는 두 손 모두 내 가족만 위해 살아왔으니 지금부터라도 한 손은 자신을 위해서 또 한 손은 나 보다 못한 이웃에게로 눈 돌려보라. 흰머리와 갈아야 하는 이빨 수가 늘어난다 해도 돋보기의 도수가 높아져 간다 해도 노년의 서글픔을 나눔으로 돌아온 사랑으로 그런 허한에서 조금이리도 벗어나게 해줄 것이다.

그러나 어떤 노인들은 이젠 봉사할 나이가 지났고 이제는 내가 봉사 받아야 할 나이에 와 있는데 봉사는 무슨 봉사냐고들 한다. 평균 연령이 계속해서 늘어나는 시대에 70세는 노인 축에도 안 들어간다. 그걸 알면서도 가만히 앉아 받기만 계속한다면 무거워진 그 짐을 죽을 때 지고 가느라 자신을 힘들게 할지 모른다.

일정 나이를 먹은 후엔 취할 건 줄이고, 나눌 건 늘려가라 하지 않은가? 노인의 짐은 줄일수록 좋다. 그나마도 죽음에 닿으면 더 이상 잡을 수도, 갖고 갈 수도 없게 되는 것이니 두 손 모두 욕심내지 말고 한 손만이라도 나를 필요로 하는 곳을 찾아 손을 내밀어본다면 허전함과 가슴 시림을 조금씩 줄여줄 것이다.

나누는 즐거움이 몸엔 새로운 에너지가 될 것이고, 그것들은 다시 따뜻한 윤활유가 되어 석양에 서 있는 허전한 가슴을 따뜻하게 데워줄 것이고, 그것들은 다시 선한 DNA로 쌓여 자손에게 이어질 것이다. 늘어난 수명에 대비하기 위해서도 지금이라도 이런 따뜻한 윤활유를 찾아봐야 한다. 채우려만 하지 말고 사회에 작은 도움이라도 나눌 수 있는 할머니, 할아버지가 되어 보자. 눈을 돌려보면 봉사할 곳은 구석구석에 많고도 많다. 비록 몸은 늙었지만 봉사하는 사람에게만 보이는 맑은 눈빛과 입가에 핀 미소가 아름다운 할머니, 할아버지가 되어보자. 맑은 눈빛은 맑은 영혼을 나타낸다지 않는가? 봉사하며 영혼의 찌든 무게를 들어내어 보자.

나의 발이라고 함부로 걷지 마라

돌아보면 지나간 날은 그리워질 때도 후회스러울 때도 있다. 세월이 한참 지난 뒤에도 마음이 한곳에 머물러 있어 삶이 고달프거나 힘들 때면 과거 속으로 들어가 위안받으려 한다. 때론 과거 속에 들어가 앉은 마음을 쉽게 현실로 끌어오질 못하는 힘든 날이 있다. 기억 속에 들어 있는 것들을 꺼내 위로받고 싶은데 애증이 함께 따라붙어 와 자신을 채찍질하기에 그러하다. 과거 속 기억은 잊고 싶다고 쉽게 잊을 수 있는 것이 아니다. 그것들이 모두 기억이란 방에 지울 수 없도록 야물게 저장되어 있으니 마음만 먹으면 언제든지 그곳을 열어 꺼낼 수 있다. '그때는 참 좋았었는데.' '그때 그 길로 가지 않았더라면 좋았을 것을.' '역시 그때의 선택은 잘한 거였어.' '다시 가란다면 그 길로는 못 갈 것 같아.'

이렇게 지나간 것은 모두 기억 속에 저장되어 있으니 그것이 좋았던 것이던 힘들었던 것이건 생각날 때마다 쉽게 꺼내올 수는 있지만 시간은 되돌아 시작할 수 없기에 지나간 것이 더 소중하고 애틋한지 모르겠다. 잘못된 문서를 수정하듯 지나간 잘못된 것을 꺼내어 수정하고 다시 저장할 수 있다면 얼마나 좋으랴. 그러나 그렇게 할 수 없음을 어쩌지 못한다.

누가 뭐라 해도 과거보다 더 나은 미래를 위해 최선을 다해 오늘을 산다. 그것은 오늘 내가 걸은 발자국들이 또다시 과거 속에 모여 저장되는 이유이다. 10년이면 강산이 변한다는 말을 모르는 사람은 없을 것이다. 어떤 일이든 그 분야에서 10년이 지나 봐야 그 진가가 나타난다는 것이다. 자고 나니 유명해져 있더라는 말을 하지만, 그건 그저 유명해진 게 아닌 것이다. 매일의 하루를 열심히 살았기에 한 고개에서 나타나는 아주 자연스런 현상일 뿐이다. 하루하루에 충실했던 미미한 것들이 쌓이고 쌓이면 커진다는 걸 많은 사람은 잊고 지날 뿐이다.

이렇게 다 아는 이런 흔한 것들을 놓쳐버린 채, 과거 속에 갇혀 지나간 일들을 꺼내놓고 머뭇거리다 보면 오늘 하루를 헛되이 보내지 않을까 한다. 무심코 헛되이 보낸 하루가 세월 속에 쌓인다면 10년이 흐른 후엔 어쩌면 실망스런 나와 만나게 될지도 모른다. 하루가 모여 과거가 되고 그 과거가 쌓여 미래가 되니 그게 바로 나의 발이라고 함부로 걸을 수 없는 이유이다. 자신이 걷는 힘든 길이 재미까지 있으면 좋으련만 대다수의 길이 그렇지만은 않다. 그러나 자신이 걷는 길이 바른길이라 생각이 든다면 그 길로 걸어도 좋으리라. 이는 내가 걸은 발자국이 바로 나의 역사가 되기 때문이다.

태풍 루사 1

요즘 힘든 일은 잘 하지 않으려 하기에 농장에서도 남의 일하려는 사람을 구하기가 쉽지 않다. 친구 남편의 소개로 올 듯 말 듯 저울질만 하던 중국인 부부가 과수원 관리인으로 들어오게 되었다. 50대 중반을 넘어선 부부로 딸이 결혼해 한국에 먼저 들어와 살면서 노부부를 초청해서 들어온 사람들이라 한다. 돈을 벌기 위해 부인은 내가 잘 아는 교수댁에 파출부로 매일 출퇴근하고, 아저씨는 과수원에서 농장 일을 해주기로 한 것이다.

그런데 얼마 지나자, 딸이 친정집에 머물게 되어 과수원집에 같이 살게 되었다. 딸은 목수 일을 하는 남편과 이혼한 후 5살짜리 아들과 같이 살며 노래에 재능이 있어 인근에 있는 밤무대에 다닌다고 한다. 아주머니는 다니던 파출부 일도 잠시 쉬며 딸의 뒷바라지를 하고 있다. 내년 3월이면 부부는 고향으로 돌아가야 할 형편이라 함께 있는 동안만이라도 딸에게 잘해주고 싶다고 한다. 농기계를 다루는 것이 서툰 아저씨는 쌓아둔 돌멩이 위로 관리기를 끌고 가 칼날을 망가뜨리길 몇 번인지 모른다. 일하는 시간보다 농기계 수리하러 다니는 시간이 더 많을 지경이니 아저씨와 나의 문화적 충돌이 매일의 일과가 되어버렸다.

어제는 종일 동안 흙을 고르고, 돌멩이를 주워내고, 정성껏 채소 밭 자리를 만들어 괭이로 나눈 고랑에다 가을 채소인 무랑 배추, 총각무를 많이 심었다. 흙을 덮어주며 아마도 올해는 심어놓은 배추로도 봉사할 수 있을 거라며 뿌듯해했다. 나는 씨를 뿌리고 관리인 아저씨는 감나무가 심어진 밭에 제초제를 치느라 하루 종일 바쁘게 일했다.

그런데 정성을 다한 일들이 그날 밤 모두 허사가 되어버렸다. 관리인한테서 그날 밤에 전화가 왔다. 물이 부엌을 넘어 방 안으로 들어오려고 한다는 다급한 소리이다. 벌써 몇 번째인가? 농장을 삼켜버리길. 관리인에게 꼼짝하지 말고 기다리라고 당부하고 급히 나섰지만, 행여나 그들이 물속에 잠겨 사고라도 나면 어쩌나 하는 조급한 마음에 서둘러 달려가 깜깜한 밤 둑 위에 차를 세우고 내려다보는 이 상실감을 어찌하리오(이곳 농장엔 비만 오면 하천물이 불어나 소하천보다 동시냇물이 높게 차오르면, 넓은 하천의 물이 거꾸로 소하천 쪽으로 역류하면서 그 양을 감당하지 못하게 되면, 소하천 둑이 무너지기가 다반사다). 자연이 하는 일 막을 수 없다지만 허탈감에 벌어진 입을 다물 수 없다.

농장 앞 소하천의 물이 드디어 허리를 잘라 먹고 토해내는 황토물이 농장으로 사납게 쏟아져 들어와 농장을 다 삼켜버릴 기세로 '우르릉 쿵쾅' 소리도 무섭게 농장으로 콸콸 쏟아져 들어온다. 후려치는 세찬 비바람은 우산을 때려 펼 수 없을 정도로 사납게 때린다. 우산은 접어두고 급히 신발을 벗고 맨발인 채로 비를 맞으며 캄캄한 농장 안으로 걸어 들어갔다. 성난 바람과 후려치는 장대비에 내가 들고 있는 랜턴의 불빛도 삼켜버린 듯 희미하게 발밑만 비추는 무서운 밤이다.

무릎 위까지 차오른 물속으로 급히 걸어 농장 안으로 들어가니 벌써 물은 방 문턱까지 차올라 가재도구들을 가구 위로 모아 올려놓고 겁먹은 표정으로 관리인 부부는 방문 앞에 쪼그리고 앉아 부엌에 차오른 물을 걱정스레 바라보고 있다. 희미한 랜턴 불에 의지하여 두 부부를 데리고 농장 위로 올라왔다. 그 와중에도 그들의 재산목록 1호라는 노래방 기기를 보자기에 싸서(딸이 밤무대를 위한 노래 연습용이라며) 꼭 안고 있다. 우리 집으로 가자니 마침 아는 지인의 집이 있어 그리로 가면 된단다. 둑 위로 올라와 그들을 차에 태우고 시내로 가려는데 아저씨가 잠깐만 기다리란다. 두고 온 발바리 한 마리가 맘에 걸린다면서 다시 내려가 데려오겠단다. 위급한 상황에서도 돌아가 비 맞은 강아지를 안고 있던 그때의 아저씨는 함께 일하며 보던 아저씨가 아니다. 매일을 문화 차이로 힘들게 하던 그 아저씨의 모습이 아니다. 오늘 보니 가슴 안엔 따뜻함이 숨겨진 착한 아저씨인 것이다. 그렇게 자연은 하룻밤 사이에 농장을 다 쓸어가 버렸다.

날이 밝자마자 농장에 다시 나가보니, 앞쪽 소하천만 터진 것이 아니라 뒤쪽의 중하천마저 터져, 감나무는 모두 가슴까지 차오른 황토물을 안고 헉헉거리고 있고, 주위의 논이란 논은 다 삼켜버려 큰 황토 바다를 이루고 있다. 이곳이 강인지 농장인지 분간이 안 되도록 들판은 황토물 속에다 농작물을 다 숨겨버렸다. 비가 그치고 서서히 물이 빠지기 시작한 농장의 감나무들은 가슴까지 수마가 할퀴고 간 잔해들이 감겨 기진해 있고, 허리까지 올라와 붙은 물 빠진 진흙이 감나무 잎에 올라붙어 숨통을 조이고 있다. 펄로 가득한 바닥은 내딛는 발목마다 심하게 잡아당겨 놓아주질 않으니 한 발 떼기도 여간 쉽지 않다. 전날 제초제를 뿌린 탓에 물에 잠겼던 어린 감나무는 이번 장마에 모두 기절해버렸다. 바로 어제 열심히 씨를 뿌렸던 가을 채소 씨앗은 성난 황토물에 싹도 틔워보지 못한 채 쓸려가 버렸다. 며칠 뒤에 나가보니 농장 바닥에 질펀하게 가라앉은 진흙은 볕을 받아 조여 갈라지고, 씨앗들은 그 사이로 숨을 쉬어 보겠다며 헉헉거린다. 이 상실감을 어쩌리오.

그해 농사는 그것으로 끝났고 대신 관리인 부부는 내내 가재도구 씻고 말리는 것으로 그해를 다 보냈다. 봄부터 여름까지 농장을 다니면서 감나무들을 보살폈는데 어느 날 초대하지 않은 태풍 루사가 갑자기 찾아와 1년 농사의 꿈까지 모두 앗아가 버렸다. 어쩜 욕심을 돌아보게 하려는 자연의 가르침인지도 모른다. 제초제와 섞여버린 물 잠긴 농장을 맨발로 헤맨 탓인지 요즈음 시들시들 아프기만 한다. 내 것 아니라 놓아버리면 된다지만, 내 마음속 한 곳은 또 그걸 잡으려 하며 아쉬워하고 있다.

아침에 일어나 일상처럼 거실로 나왔다. 흔들의자에 앉아 지친 몸을 흔들어 조율해본다. 내가 없는 내가 되어 본다. 추석 전부터 앓던 감기를 보름이나 되도록 붙잡고 찡찡대는데, 양 무릎 통증까지 보태어 더 힘들게 한다. 봄에는 꽃뱀에 물려 한 달이나 넘게 끙끙거렸는데 그걸 잊을 만하니, 이젠 또 태풍 루사가 1년 농사까지 앗아가 버렸다. 버린 만큼 언젠가 다시 채워질 터이지만, 한 달을 꼬박 탈진 속에

'무(無)'라는 것에 대해 많은 생각을 하게 하는 지친 날의 연속이다. 이렇게 루사는 내게 있어 잊을 수 없는 또 하나의 아픔으로 남아 있다. 제초제 섞인 황토물 속 농장을 맨발로 헤맨 탓인지 그 후유증이 아직도 몸을 힘들게 한다. 넘쳐버린 황토물 안에는 무수한 농약들과 오물들이 섞여 있었으니 그곳에 맨발로 들어간 내가 아플 수밖에 없다. 농장은 버려둔 채, 면 단위를 돌며 수해 지역을 돌면서 봉사하는 동안에도 농장의 감나무들도 이렇게 아팠던 것이다.

은장도

지구 공식 방문 때 복합지구 의장이 기념품으로 가져온 은장도는 울산에서도 제법 유명하다는 장인의 작품이다. 대구와 경북의 총재가 여성이므로 은장도를 특별히 선택한 것인지, 아니면 모든 지구 공식 방문의 선물로 선택한 것인지는 모르겠지만, 뚜껑엔 은으로 세공된 정교한 문양과 날렵하고 유연한 곡선의 아름다움은 과히 장인의 작품답게 훌륭했고, 보통 사람이 보기에도 소장할 가치가 있는 훌륭한 작품이라 여길 수 있을 정도로 수려하다. 한 가지 흠이라면 번쩍이는 날카로운 칼날이 장식품치곤 너무 예리하다. 스치기만 해도 베일 것 같아 그것이 흠이라면 흠일까, 그것 빼면 아주 훌륭한 것이다.

칼이란 생활에 꼭 필요한 물건으로 없어선 안 되는 것이지만, 때론 사람을 해치는 흉기가 되기도 하므로 선물로선 적당치 않을 것 같은데 자세히 들여다보니 손안에 들 만큼 작은 은장도엔 해와 달, 소나무 그리고 사계절을 품은 사군자가 정교하게 세공돼 있어 한편으론 정감이 가는 명품이라 할 수 있다.

군자란 학식과 덕행이 높은 사람을 군자라 부른다. 그 군자가 네

개나 들어 있으니 먼저 매화는 지조를 나타내기도 한다. 이른 봄에 핀 추위를 견뎌낸 설중매인 듯 하얀 매화가 칼집 위에 새겨져 있다. 제법 오래된 나무인 듯 둥치가 얼마나 굵은지 그 위에 핀 고고한 매화의 향기에 빠져들 듯하다. 앞면 아래쪽엔 선이 고운 동양란이 이슬이라도 품은 듯 청순하게 핀 한 송이 꽃이 풍겨내는 향기가 코끝에 와닿을 듯하다.

뒷면 위쪽엔 늦은 가을 첫 추위를 이겨내며 핀다는 국화가 흐드러지게 피어 있어 그 향기가 방 안 가득 퍼지는듯 하다. 뒷면 아래쪽엔 사계절 변치 않는 모습으로 덕과 학문을 고루 갖춘 인품을 나타낸다는 굵은 대나무가 세월의 마디를 이고 있는 듯 잎을 달고 있어 그 속에서는 금방이라도 숨은 대숲 바람 소리가 새어 나올 듯하다. 그도 모자란 듯 양면 가운데엔 음양을 상징하는 해와 달이 있고, 절개를 나타내는 소나무의 짙은 잎이 선명하게 새겨져 있다.

그렇게 작은 은장도 속에는 많은 이야기가 들어 있었던 것이다. 옛날 여인들이 정절을 지키려 간직하던 칼이 이런 모양이었을까? 빨간 노리개가 돋보이는 은장도를 걸어놓고 볼 때마다 그 속에 든 의미를 되새기는 시간이 되니 이건 그냥 선물이라 여기고 싶다. 깊이 고민해 고른 훌륭한 장인의 영혼이 담긴 선물이라 여기고 싶다. 칼을 선물 받으면 인연을 끊는다 하여 단 몇 푼이라도 주고 사던 그런 의미의 칼은 아니다. 이렇게 정교하게 만든 귀한 선물을 받고 굳이 돈을 줄 필요는 없을 것이다. 고맙게 생각하여 소장하면 되는 것이다. 그런데 500원을 주어 버렸으니…….

가랑비

마음이 흩어져 모으기 힘든 날에 밖으로 나가 비를 맞으며 한번 걸어보라. 마음이 편안해지는 것을 느낄 수 있을 것이다. 이는 마음속 열기를 내리는 비가 촉촉하게 식혀주기에 그러하다. 그럴 때 맞는 비는 소낙비가 아닌 가랑비여야 한다. 손에 잡힐 듯 보이지 않는 작은 빗방울이어서 남의 눈 의식하지 않고 마음껏 걸어도 된다.

비를 맞으며 천천히 걷다 보면 옷 속으로 젖어 드는 이 촉촉한 감촉이 참 좋다. 빗방울에 서서히 몸을 적셔주는 이 무거움이 오히려 포근함이 된다. 높은 파도를 일으키듯 마음속을 마구 휘젓던 머릿속 난상(亂想)들이 가랑비를 맞으며 걷다 보면 가슴속에 일렁이는 파고를 막아줘 잔잔하게 만들어줄 것이다. 비를 맞아 촉촉이 젖다 보면 자연에 하나 된 듯 몸은 무거워지나 마음은 어느덧 무심으로 가벼워진다. 하늘에서 내리는 작은 빗방울이 떨어져 치유하듯 옷 속으로 서서히 스며들어온다. 깊은 곳에 숨어 앉은 상처를 찾아 쓰다듬어 주는 듯 포근하다.

하마터면 놓칠 뻔했던 마음을 조용히 끌어와 제자리에 놓게 되는 이 신기함을 느껴보라. 한 걸음 한 걸음 빗속을 걷다 보면 올라오던 마음은 어느덧 아래로 조금씩 내려가고 있음을 스스로 느낄 수 있음이 신기하다. 나와, 빗방울, 자연이 하나 되니 복잡하게 잡고 있던 머릿속의 난상들을 풀어줘 힘이 들었던 것들을 조금씩 걷어가 줄 것이다. 그냥 아무 생각 없이 가랑비에 몸을 맡기고 하염없이 빗속을 걷고 있는 것만으로도 좋을 것이다. 몸은 젖어 무거워지는데 가랑비에 정화된 몸은 오히려 음이온이 충만한 맑은 기운으로 온몸을 감싸 안은 듯 마음은 물론 발걸음 또한 가벼워질 것이다.

마음이 무거운 날. 비가 오는 날에는 우울해지기 쉽지만, 그 비가 가랑비라면 용기 내어 들판으로 나가 맘 놓고 비를 맞으며 혼자 걸어보는 것도 좋을 것이다. 비를 맞으며 걷다 보면 무거워지는 몸과는 달리 치유되듯 가벼워지는 기분을 느낄 수 있을 것이다. 우울한 날에 가랑비가 온다면 작정하고 밖으로 나가보라. 그리고 가랑비 속에 몸을 맡겨보아라. 비를 맞으며 걷다 보면 머릿속 난상(亂想)들이 정리되어지는 것이 신기해질 것이다. 이렇게 자연 속에 들면 풀 수 없는 일들을 쉽게 풀어주는 날이 있다. 그날이 바로 가랑비를 맞으며 걷는 날이다.

내려오는 길

한 단계, 한 단계 조심스레 정상에 올랐던 사람도 내려올 땐 자신도 모르게 긴장의 끈을 늦추게 되어, 하루아침에 정상에서 바닥으로 추락하는 경험을 하게 되는 건 올라갈 때의 노력을 내려올 땐 놓쳤기 때문이다. 내려오는 길에 긴장을 늦추고 자칫 한눈팔다간 무력하게 무너져내린 자신을 돌아보며 후회하게 될지도 모른다. 올라갈 때는 힘도 방향도 내 마음대로 조절할 수 있다. 그러나 내려올 때는 마음 조절이 쉽지 않다.

이는 성취한 뒤라 마음도 긴장도 놓쳐 집중하지 않고 방심했기 때문이다. 더 이상 아무것도 보지 않으려 하는 자만심에 길들여져 있어 힘도 방향도 마음도 다 놓았기 때문이다. 긴장의 끈을 놓아버려 방심해 넘어지면, 오를 때의 스트레스를 능가하는 정신적 고통을 안겨줄 수 있다. 방심함이 자칫 신체는 물론 정신까지 갉아먹어 몇 년 아니, 평생을 나약한 모습인 채로 살아갈 수도 있다.

성취했다 내려올 때도 긴장의 끈을 다 풀지 말고 조금씩은 조여 준다면, 한 번에 무너져내릴 일은 없을 것이다. 내려올 때도 오를 때와 마찬가지로 한 단계, 한 단계 집중해 내려온다면, 그동안 계단 쌓듯 올라가며 내면의 힘을 쌓아왔기에 설상 무너진다 해도 복구에 긴 시간은 필요치 않을 것이다.

정상에 대한 미련을 버리지 않으면 내려와서 아무것도 할 수 없다. 이미 주위의 상황은 변하여 있는데, 그 상황을 현실로 받아들이지 못하니 하루가 한 달이, 길게는 몇 년이 힘들어질 것이다. 외톨이가 되기 전에 정상에 서기 전, 원래의 자기 자리로 빨리 돌아오는 것이다. 그리고 지금의 자리에서 필요한 사람이 되도록 노력하는 것이다. 공익에 도움이 되는 일이라면 그것이 봉사든 일이든 상관없다. 옛날의 정상에 오르기 전의 그 자리를 잊지 않고 있다면 된 것이다.

카더라

전달된 말이 꼬리를 잘라내고, 달아나는 도마뱀처럼 잘려버린 언어로 실체를 오해받게 한다. 들은 말을 앞부분은 빼고 전하든가, 중간 부분을 빼고 전하든가, 아니면 끝부분을 빼고 전달할 경우 진실과는 동떨어진 오류가 생길 수 있다. 떨어져 나간 말은 잊어버린 채 건너면서 덧붙어 불어난 말이 방향을 잃고 이리저리 달리게 되면 걷잡을 수 없게 되는 것이다.

사람들은 남의 말을 들을 때 주관적으로 기억하려 하는 경향이 있다고 한다. 다시 말해 자기가 기억하고 싶은 것만 기억하려 한다는 것이다. 그러니 말을 전해 들을 때도 자기가 기억하고 싶은 것을 입력하였으니 출력 또한 오류가 날 수밖에 없는 것이다. 그래서 말은 건너면 건널수록 오류는 더 커질 수밖에 없는 것이다. 전달되는 과정에서 자신도 모르게 말머리가 없어진다든가 말 중간을 빼 버리고 전달해 오해를 불러오는 수가 있다. 아니면 아예 말꼬리를 잘라버려 전하는 당사자 자신도 헷갈리게 하면서 진실을 왜곡시키기도 한다.

말이란 건네면 건넬수록 눈덩이처럼 보태면 보태지 줄지는 않는다. 그러니 건네면서 생기는 오류의 책임은 도대체 누가 질 것인가? 잘못 전해진 말이 사람을 살리기도 죽이기도 한다. 전달되면서 보태지고 섞인 것에 자기의 주관까지 덧보태어 전달하면서도 말하는 사람은 책임을 피하려니 이것이 바로 흔히 말하는 '카더라'가 되는 것이다. 중요하지 않은 것들은 머릿속에 잘 저장하지 않아 유추하는 습관 탓으로 생긴 것이 '카더라' 문화가 아닌가 한다. 말은 하고 싶고 책임은 지기 싫으니 말 뒤에다 '카더라'가 붙게 되는 것이다.

자기 눈으로 확인되지 않은 건 말하지 말고, 전달하지도 않는 건전한 문화가 필요하다. 남의 말 가볍게 전하는 사람은 거짓말도 쉽게 하는 사람들이다. 거짓말도 자주 하게 되면 습관이 되어 말하는 자신조차도 거짓말을 하고 있는지조차도 헷갈려 거짓말이 진실처럼 여겨지게 되니 이건 분명 좋지 않은 습관임에 분명하다.

말로 한 빚을 언제 다 갚으려는지 그것을 알기나 하는지. '카더라'에 미루는 비굴함에서 벗어나자. 허상에 눈덩이처럼 불어나길 좋아하는 '카더라'에 책임을 전가하지는 말자. 누가 뭐라 해도 말 전달의 책임은 전달한 자신이 져야 한다. 눈으로 본 것이 아니라면 우리 모두 '카더라' 문화에는 동참하지 말자. '카더라'에 숨겨진 진실을 볼 수 있는 혜안을 키워나가자. 우리 모두 '카더라' 문화에서 벗어나자.

길 1

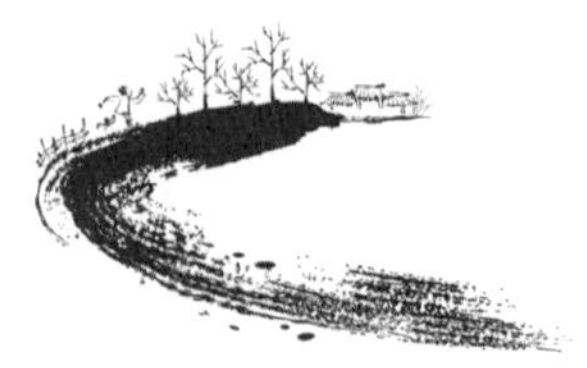

어떤 사람은 길을 만들어가면서 어렵게 가고, 어떤 사람은 만들어진 길로 쉽게 가려 한다. 전자는 확고한 자기 의지가 있어야 갈 수 있는 길이기에 그 길은 나아가는 것에도 거침이 없어야 한다. 그 길을 가는 사람은 오직 길옆에 산재한 많은 것을 다 잡으려 하지 않는다.

그러나 후자의 길을 가는 사람은 잘 닦여진 편리함과 달콤함에 젖어들다 보면 자칫 주관을 잃어버려 올곧게 그 길을 갈 수 없게 될 수도 있다. 잘 닦인 길을 가다 보니 주위엔 잡을 것이 많다. 이것저것 눈에 띄는 걸 잡으려니, 어느 게 자신에게 득인지 실인지 저울질하느라 자신도 모르게 멈춤에 익숙해지기에 그곳에서는 가고 싶은 곳으로 맘대로 갈 수 없다. 편리함에 젖어 그냥 걷게 되는 것이다. 틀에 맞추려 걸어가게 되는 것이다.

전자의 길을 갈 것인지 후자의 길을 갈 것인지는 본인의 선택에 달렸다. 만들어진 길에선 얻을 수 있는 달콤함이 많이 있지만, 대신 그 달콤함이 어느 날 상처를 안겨줄 수도 있다. 상처를 입게 되면 어쩔 수 없는 현실을 원망하게 될 수도 있을 것이다. 하루는 동지였다, 하루는 적이 될 수 있는 그곳에는 똑똑하지만 치적을 앞세우는 잘난 사람들이 많다. 덕을 보려니 눈치를 봐야 하고, 눈치를 보게 되니 자신의 의지완 무관한 방향으로 걷을 수밖에 없는 것이다. 누구의 덕을 보려는 생각이 아니라면 굳이 만들어진 길을 선택할 이유는 없을 것이다. 그러나 대다수의 사람들은 만들어진 길로 가기보다는 자신이 길을 만들며 간다.

이 길에선 누구의 덕을 볼 마음이 없으니 눈치 보지 않고, 걷고 싶은 곳으로 묵묵히 걸으면 된다. 적어도 이 길은 누가 알아주기보다는 자신에게만은 진실할 수 있는 길이기에 그러하다. 그 길이 비록 험하고 힘들지라도 한 발 한 발 걸어가는 걸음마다에는 정성이 담겨 있고, 소망이 담겨 있다. 소박하더라도 개척해 나가는 맛이 있는 그곳은 자신이 선택한 길이기에 더욱 소중하다. 블록 하나 쌓아가듯 한 발 한 발 걷다 보니 튼튼하여 누구도 쉽게 무너트릴 순 없다. 잘못된 것을 볼 수 있기에 반성하고 수정하며 그렇게 하루를 성실하게 걸어간다. 그 길엔 큰 후회란 없다. 넘어지며 일어서며 가는 힘든 길이 바로 자신이 만들어가는 길이다. 길을 만들며 천천히 힘들게 갈 것인지, 만들어진 길을 쉽게 갈 것인지의 선택은 바로 자신이 해야만 한다.

선택의 갈등 1

하루에도 오만 가지 생각들이 들어앉아 머리가 쥐가 날 지경으로 괴로울 때가 있다. 게다가 마음이 두 개일 때는 더욱 그러하다. 이쪽을 가자며 당기고, 저쪽으로 가자면 당김질할 때 더욱더 힘이 든다. 마음이 중간에서 벗어나질 못하니 머리에 쥐가 날 수밖에. 인생을 살아가며 만나게 되는 선택의 길에선 갈등하게 되는 건 당연하다. 그 길이 인생을 바꾸어줄 중대사 한 일이라면 선택은 더더욱 어렵다. 몇 날 몇 밤을 고민해도 답이 나오질 않을 때가 있다.

길이란 영원치가 않은 거라고 생각을 넓게 놓고 좁혀나가도 정리가 잘 안될 때이면 한걸음 물러서서 보라. 그리고 자연의 순리를 따르라. 두 길의 선택에선 남은 상관할 것 없다. 오직 나를 위한 결정을 바로 내가 해야 한다. 도움은 받을지언정 남의 결정에는 따르지 말라. 이것은 몸도 내 것이오, 영혼도 내 것이니, 결정 또한 내 몫이기 때문이다.

남이 어떻게 생각할까에 초점을 맞추고 고민하다 보면 정작 내가 원하는 걸 놓쳐버리는 수가 있다. 남들은 내 마음속 작은 것들까지는

다 알지도 보지도 못한다. 나를 제일 잘 아는 건 바로 나 자신이다. 내게는 거짓말이 필요 없다. 내게는 허세 또한 필요 없다. 진실을 말하는지 거짓을 말하는지는 이미 다 알고 있으니 속일 수 없는 게 자신이다. 힘든 결정을 견뎌야 하는 것도 나 자신이고, 힘든 결정으로 책임질 사람도 바로 나다.

밤새워 고민해도 답을 못 찾을 때 길이란 영원치 않음을 상기하라. 그래도 아무리 생각해도 결정이 쉽지 않을 때가 있다. 이것은 한 곳에 조금이라도 마음이 없으면 쉬울 텐데 두 곳에 다 마음이 있으니 선택은 더 어려울 수밖에 없다. 이럴 때는 당장의 편안함이나 당장의 화려함보다는 먼저 그 길이 끝나는 곳까지 나를 끌고 가 세워보라. 선택했을 그 길의 마지막에 선 자기 모습이 그려진다면 선택에 확실한 도움이 될 것이다.

직지사에서 열리는 천일기도에 간 날이다. 큰스님의 법문 중에 정신이 번쩍 들게 하는 법문이 있어 소개한다. 두 길에서 갈등할 땐 이렇게 생각하면 선택이 쉬울 거라는 말씀이 생각난다. “한 길은 계정혜의 길이요, 또 한 길은 삼악도의 길”이라고. 머리 쥐가 나도록 두 길에서 헤매던 나를 큰스님이 단박에 깨쳐준 하루였다. 우왕좌왕하는 나를 힘껏 때려 앉혀 도통 보이지 않던 길을 훤히 밝힌 날이다. 비로소 벼락 치듯 이곳에서 나를 깨워준 맑은 날이다.

유혹

앞만 보고 뛰다가 많은 것을 놓쳤음을 알게 되었을 때는 이미 돌아갈 수 없을 정도로 한참을 지나온 후다. 돌아갈 수 없을 정도로 먼 곳까지 왔다는 걸 깨닫게 되면서 '그때 왜 그랬을까?' '그때는 정말 잘한 것이었어'라며 자기의 결정을 후회하기도 칭찬하기도 한다. 인생의 속도를 나이로 보는 이도 있고, 혹자는 나이 곱하기 2를 하여 더 빠르게 표현하기도 한다. 그리 따지면 내 나이는 자그마치 고속도로를 달리는 속도 이상이다. 얼마나 빠른 속도인가. 그 속도로 달리다 보면 많은 것을 다 볼 순 없을 것이다.

꿈을 위한 갈등 따윈 이젠 하지 말아야 한다. 혹, 마음이라도 남았다면 다시 생각하라. 지금 그 꿈을 이루려면 왔던 길을 다시 돌아가 처음부터 다시 시작해야 하기에 시간도 많이 걸릴 뿐 아니라, 자칫하면 과부하가 걸려 쓰러질 확률이 높음을 알아야 한다. 느린 판단력이 속도를 따라주지 않는 것을 어찌하랴.

그럼에도 꿈을 이루겠다고 그 길을 선택한다면 신체적, 정신적, 물질적인 모든 것의 무리수를 감당할 수 없게 될 것이다. 지난 세월 속에도 늘 변함없이 태양이 뜨고 지고 있었음을 알아야 한다. 그것이 또다시 찾아온 행운의 기회이어도 그걸 잡는 순간 그곳에 숨어 있는 많은 어려움과 힘든 것들을 참고 감내해 나가야 한다. 그리고 또다시 많은 사람에 대한 빚을 안게 될 것이 분명하니 그냥 이대로 멈춰야 한다. 이미 물은 흘러버렸는데 그 물을 거슬러 오르려면 더 많은 노력이 필요할 것이다. 물은 또 다른 누군가를 위해 자연스레 흘러가고 있음은 거역할 수 없는 자연의 순리이다.

살아 있는 한 많은 유혹과 마주하며 살아간다. 젊은이든 늙은이든 인생에서의 유혹은 참으로 많고 많다. 그것이 늘 이루고 싶었던 꿈의 유혹이라면 더더욱 유혹에서 벗어나기는 더 어려울 것이다. 그러나 현실을 직시한다면 첫 번째 기회가 왔을 때 아니라고 결정했고, 두 번째 기회에서도 아니라고 결정했었다면, 세 번째 기회가 찾아온 지금도 아닌 것이라 생각하라. 세월이 많이 흐른 지금에 와서 정신과 육체에 다시 짐을 더 싣는 건 노욕이다. 미련을 두지 말라. 내일의 태양에게 양보하라. 유혹에 눈길 주지 말고 하나씩 비워왔듯 가볍게 갈 수 있게 사는 것이 맞다.

어느 가을 오후에

풍요로운 가을이다. 혼자 거실에 있는 흔들의자에 앉아 몸을 흔들어본다. 아무 소리도 들리지 않는 공간에는 의자 삐걱거리는 소리만 들릴 뿐 주위엔 아무도 없다. 뜨거운 가을볕에 익어가는 곡식들의 탱탱거리는 소리까지 다 잡을 수 있을 것 같은 조용한 가을의 한낮이다. 그림 같은 가을의 풍광이 풍요로움으로 코앞까지 가까이 와닿을 듯하다. 시간이 멈춘 듯 조용하기만 한 시간이다.

조용히 눈을 감아본다. 어김없이 찾아 들어온 과거 속 시간들이 순간 멈추었다 지나가고, 순간 멈추었다 지나간다. 그동안 참으로 힘든 시간의 연속이었다. 지루하기만 한 시간들 속에 명주실 같은 희망을 잡고 달리기만 해 왔다. 그 희망의 끈 놓치지 않고 살았기에 지금 나는 이렇게 조용히 나만의 시간을 가질 수 있는지도 모른다. 늦었지만 지금이라도 계절의 변화를 느낄 수 있으며 언제라도 원하면 자연의 변화를 만날 수 있는 여유를 누릴 수 있음은 행복이다. 이렇게 늦게라도 풍요로움의 시간을 가질 수 있음에 감사해야 한다.

아침마다 바라볼 수 있는 밤을 깨워낸 새벽 들판의 이슬 머금은 신선한 모습이 좋다. 이런 아침의 안개 품은 비경도 좋지만, 지금의 햇살 진한 눈부신 한낮의 풍광 또한 좋다. 요즈음 들어 부쩍 석양이 좋아지는 건 나이가 죽음 쪽으로 많이 기울어졌기 때문인가 한다. 저녁 노을이 아름다운 건 얼마 남지 않은 하루의 소임을 위해 최선을 다하는 모습이기에 더 아름다운지도 모른다. 못다 한 아쉬움에 남은 열정을 위해 불타오르는 마음이 그곳에 오래도록 머물려 하는지 모른다.

어느새 황혼의 나이에 닿았다. 지금부터라도 최선을 다해 후회하지 않을 보람된 일들을 찾아야 할 것이다. 그리고 앞으로 남은 시간만큼은 열정으로 채우는 삶이었으면 한다. 석양이 하루의 마지막을 태우면서도 아름다움으로 보여주듯 지난 시간만 잡아두지 말고 지금이라도 주위를 따뜻하게 하는 그런 석양 닮은 황혼이었으면 한다. 강요하지 않아도 자연은 아름다움으로 다가오고 아낌없이 풍요로움을 선물하고 있다. 마음만 먹는다면 시간차 행복 속으로 곧잘 데려가 줄 터이니 그런 짧은 시간을 즐기는 행복을 찾아 나서도 된다.

이렇게 조용하게 혼자만의 시간도 가질 수 있는 곳에서 계절의 변화를 놓치지 않고 다 안을 수 있으니, 이게 바로 풍요로운 나만의 작은 행복이 아니겠는가? 익어가는 가을 들판을 마음껏 만끽하면서 혼자만의 행복 속에 들어와 있다 보니, 숨겨둔 열정을 토해내듯 타오르는 석양이 품은 넓디넓은 황금 들판 속으로 나도 모르게 한껏 빨려 들어가고 있다. 행복한 날이다.

나를 사랑하는 법부터 익혀야겠다

마음은 세월을 잡고 놓아주질 않는데 거울 속의 나는 그 세월을 보내주고 있다. 하나의 몸으로 두 가지가 균형을 못 잡아 삐꺽거린다. 마음은 이 세상 무엇이든 다 할 것 같이 한없이 위에 있는데, 또 하나의 나는 그걸 받아주질 못해 밑에 앉아 힘들어한다. 거울 속의 나는 두꺼운 돋보기에 골 깊은 주름으로 느리게 바라보는 눈빛에서 시간의 속도를 알게 한다. 그동안 잊고 살았던 세월 속에서 달리기만 계속하던 내가 어느덧 삶의 한 모퉁이로 비켜서려 하고 있다. 석양이 주위를 황홀하게 비추며 하루의 끝을 아름답게 하지만, 그 인연 다하면 순간에 자신을 버린다.

이제는 거울 속의 나에게 매달리지 않고 당당하게 지금의 나를 받아들여야 한다. 남은 시간들은 느리지만 다정한 할머니로 살아가고 싶다. 나를 위한 삶이 아닌 그 누구이든 행복해할 그런 삶을 살아도 좋겠다. 내가 봉사한다고 돌아다니던 때도 불평 없이 인내하며 엄마의 의지대로 마음껏 활동할 수 있게 뒤에서 묵묵히 지켜봐 주고, 무거운 삶의 무게도 혼자 들어보겠다고 노력하던 애들에게 이제는 작은 힘이라도 보태어주고 싶다.

그러나 세월은 내 마음보다 훨씬 앞질러 가 있고, 앞서간 세월이 멈춰 느린 몸을 돌아다볼 뿐이다. 손주를 안아도 무게를 감당 못 해 헉헉거린다. 걸음을 걸어도 버걱거리는 소리들은 지금까지 혹사해 온 몸이 항변하는 소리들이다. 삶의 짐을 들어주자던 내가 오히려 애들에게 삶의 짐을 보태어버리는 건 아닌지 걱정이다. 지난 세월 뭐든 다 해내던 슈퍼우먼으로 자부하며 살았던 과거 속 시간처럼 이제는 다시 슈퍼 할머니가 되어야겠지만, 이미 몸은 마음과는 멀다.

예쁜 손주의 재롱도 보면서 안아주고 놀아줄 수 있게 먼저 내 속에서 질러대는 항변의 소리부터 들어주고, 나를 사랑하는 법부터 익혀가야겠다. 막힘이 있을 땐 맞서지 말고, 잠시 느긋하게 호흡하는 여유와 막힘은 막힘이라 여기고, 아무렇지 않게 돌아가는 여유를 익혀야 한다. 지금까지 바쁜 삶 속에서는 세 끼 식사 한 번 변변히 챙겨주지 못했더라도 늦었지만, 지금부터라도 나를 챙기는 것부터 해야겠다. 그래야 애들이 나로 인해 겪게 될 무거운 삶 속의 무게들을 조금이라도 들어줄 수 있지 않을까 한다. 천사 같은 손주들의 재롱도 함께할 수 있게 나를 사랑하는 법부터 익혀야겠다.

여고 동창회

태어난 고향에서 총 동창회가 열리는 날이면 모교 강당에 모인 동문들의 얼굴은 모두 상기되어 있다. 이날은 선후배 모두의 시간을 과거 속에 돌려놓고 있다. 각자 세월을 몇 년을 돌리느냐만 다를 뿐 지금 이 순간만큼은 모두 여고생의 맘이다. 작게는 10년에서 많게는 60년까지도 돌려놓는다. 과거는 가는 것이 아니라 오는 것이란 말이 있듯이 이날만큼은 선후배 모두의 시간은 과거에 머물려고 한다. 여고 시절 성적으로 순번을 매기던 것들은 이미 잊은 지 오래이다. 다만 이곳에 모인 동문 모두 모교에 대한 사랑만큼은 같은 눈높이를 갖고 있을 뿐이다.

죽을 때까지도 바꿀 수 없는 것이 혈연이라고 한다. 그러나 학연 또한 우리네 인생에서는 바꿀 수 없는 중요한 맥이 된다. 특히 여고의 인연은 10대의 인연이기에 자신에겐 더 소중한 추억의 맥이 되는 것이다. 내가 싫다고 바꿀 수 있는 것이 아니기에 혈연 다음으로 소중한 자산이 되는 것이 바로 여고 시절이 아닌가 한다.

오늘은 총동창회가 열리는 날, 갈래머리 소녀들만 있을 뿐 늙고 젊음은 없다. 여고생의 마음으로 이곳에 모였으니 행사장 또한 조용할 리가 없다. 주최 측이 행사의 진행을 위해 잠시만 조용해 달라는 부탁의 말이 귀에 들어올 리가 없다. 반가움을 참지 못해 그동안의 근황들이 어떤지 궁금한 것을 푸는 것이 행사 진행보다 더 급하기 때문이다. 쇠똥만 굴러가도 깔깔거리던 그때 그 시절에 와 있으니 얼마나 즐거우랴. 서로 먼저 말할 기회를 얻고자 앙탈을 부리는 것 또한 그때의 소녀 모습이다. 급한 사람부터 손들고 순서대로 말하라며 실랑이하는 것 또한 여고생의 순수한 모습이라 모두가 귀엽고 행복한 순간들이다.

이곳에선 찌든 삶은 잠시 잊었다. 얼굴의 굵은 주름도 잊었다. 보이는 건 10대의 마음뿐이다. 만난 지금이 너무 반갑고 행복하니까. 과거는 언제나 행복이고 고향은 그곳이 어디이든 낙원이라 했던가? 또한 혹자는 '고향이란 그 어떤 안락함에도 그 어떤 권력에도 누릴 수 없는 달콤함과 평온함이 있다'고까지 했다. 지금은 세월이 좋아져 마음만 먹으면 또 다른 학연을 만들 기회가 늘려 있지만, 새로운 학연이 10대에 맺었던 소녀 시절의 학연만 못한 건 그곳에서는 맑은 영혼을 나눌 수 없음이 아닐까 한다. 그러니 오늘 총 동창회는 그 어느 때보다 시끄러워도 좋다. 그 시끄러움이 참석한 모두를 더욱 행복하게 만들어줄 것이기 때문이다. 초대된 은사들과 함께 늙어가는 듯 저마다 세월의 흔적을 이고 있지만, 오늘의 마음은 10대의 소녀로 돌아가 있기에 맘껏 행복해도 될 것이다. 오늘 찾은 고향의 모교는 이 순간만큼은 낙원인 것이다.

봄날

봄을 내달리는 꽃들의 봉오리 터지는 소리가 싱그럽다. 그동안 바삐 사느라 봄이 되면 벚꽃이 흐드러지게 피고 지는지도 잊고 살았다. 그런데 어느 봄날에 꽃봉오리도 예쁜데 만개한 화려함과 바람에 흩날리는 환상적인 꽃잎의 환희로움을 만난 날이다. 칠순이 되는 해에 우연히도 벚꽃이 만개한 모습과 함께한 건 행운이다. 옛날에는 사람들이 쌍계사 벚꽃을 보러 먼 길을 나서기도 했지만, 이제는 내가 사는 상주에서도 길만 나서면 쉽게 어디에서나 군락으로 핀 벚꽃을 만날 수 있다. 그동안 벚꽃의 아름다움을 보지 못한 채 살았다는 게 오히려 신기하다. 계절의 변화도 잊고 살았으니 제일 먼저 피는 봄꽃에도 관심도 없었으니 눈에 들어오지 않은 건 어쩌면 당연한 일인 줄 모른다.

북천 둔치에 벚꽃이 장관이란 이야기를 듣고도 '한번 가봐야지' '가봐야지' 하며 벼루기만 하다가 꽃잎이 떨어졌다는 소식을 접하면 상상 속 벚꽃길로 만족하며 언제나 내년을 기약하기만 했었는데, 어느 날 대구에 회의가 있어 참석하고 내려오는 길에 차창 밖으로 만개한 벚꽃이 눈에 들어오는 건 우연이 아닌 듯싶다. 벚꽃과 눈맞춤한 순간 서둘러 갓길에다 차를 세웠다. 운동화로 바꿔 신고 정장 바지 위로 양말을 끌어올려 긴 바지가 끌리지 않게 한 뒤 산책길에 올랐다.

그렇게 우연찮게 만개한 벚꽃길을 걷게 된 날. 군락으로 줄지어서 핀 벚꽃이 이리 아름다웠나 놀라며 지금의 시간차 여유를 맘껏 누리려고 하고 있다. 마침 지나는 여고생들의 재잘거리는 소리와 맑은 웃음소리가 나무에 물오르는 소리인 듯 싱그럽기만 하다. 산책길 곳곳에 놓여 진 의자마다 일일이 앉아 보는 건, 그때그때 시야에 들어오는 그곳의 풍광을 하나도 놓치지 않고 즐기려는 마음 때문이다. 문득 벚꽃 터널 밑 의자에 앉아 하늘을 본다. 밑에서 쳐다보는 벚꽃은 초록 별 모양의 꽃받침 위에다 하얀 꽃잎을 달고 있다. 꽃가지 사이로 새파란 하늘이 배경이 되어 주니 만개한 벚꽃의 자태가 더욱더 돋보인다.

생활체육관에서 북천교를 향해 둑 위로 걷던 길을 이번엔 물소리를 들으려 둑 아랫길로 내려섰다. 둔치에서 내려와 위를 보며 걷는 길에선 더 많은 것을 품은 아름다움으로 또 다른 풍광을 만날 수 있다. 꽃만 보고 걸을 땐 볼 수 없었던 먼 산을 품은 개울이 큰 풍광을 만들어 시원하게 길게 이어준다. 물소리 들으며 걷는 아랫길 발밑엔 지금 봄나물이 쏙쏙 얼굴을 내밀고 있다. 마치 땅 비집고 올라오는 새싹들의 생명의 소리가 생생하게 들리는 듯하다. 봄을 캐는 아낙들이 하나둘 풍광 속에 들어오니 한없이 평온한 오후가 된다.

바쁘게 살다 보면 자연이 나를 보지만, 마음이 한가할 땐 내가 자연을 보게 된다는 말이 문득 실감이 난다. 지금 이곳에서 자연을 바라보는 여유를 부려 볼 수 있다는 건 마음이 여유로운 탓이리라. 이런 여유가 분명 사치는 아닐진대 누구에게는 일상일 수도 있고, 누군 그걸 잊고 살아가기도 한다. 그동안 이 작은 행복을 몰랐다 해도 문득 돌아오는 길에서 만나게 된 벚꽃과 시간차 여유를 함께한 건 하루의 행운이라 하고 싶다. 행복이란 바로 이런 작은 곳에 있는 것이다. 걸으면서 쏙쏙 내민 쑥을 한주먹 뜯었다. 겨울을 견딘 새봄에 올라온 이 작은 쑥이 약이 된다지 않는가? 오늘 저녁 식탁에 쑥 튀김을 올려볼까? 해마다 새봄엔 그랬듯이 오늘 저녁에는 한 줌의 쑥으로 봄을 먹을 것이다. 겨우내 잠들었던 세포를 깨워 1년을 견딜 수 있게 봄 쑥이 생기를 되찾아줄 것이다.

봄비가 온다

비가 온다. 봄비가. 지난겨울 눈이 그리도 많이 오더니만 쌓인 눈 녹기도 전에 봄비가 온다. 눈에 대한 환희도 잠깐 계속해 내리는 눈이 농민의 마음을 아프게 한다. 100년 만에 처음이란 폭설이 시설재배 농가들을 아프게 한다. 쉬지 않고 내리던 눈이 폭설로 이어져 겨울 내내 정성을 들여 키우던 특용작물이 자라는 비닐하우스를 무너뜨려 농심을 슬프게 한다. 무너져내려 하늘을 들어낸 비닐하우스 잔해 속에는 온기를 잃어버린 농작물이 꽁꽁 얼어 농심의 아픔인 양 여기저기 흩어져 있는 그곳에 눈이 녹기도 전에 봄비가 온다.

따뜻한 온실 속에서 탐스럽게 익어가던 오이랑 토마토는 수확을 며칠 앞둔 지금 자연은 하루 만에 모든 것을 앗아가 버렸다. 폭설의 무게를 감당 못 한 비닐하우스의 철근들이 끝까지 버티지 못하고 휘어져 버린 잔해 속에 내려앉아 찢겨진 비닐을 걸치고 흉물스럽게 바람에 날려 을씨년스럽다. 시설재배 농민들에게 과함이 모자람만 못하다는 걸 자연은 꼭 이렇게 보여주어야만 했는지 원망스럽기만 하다. 찢긴 비닐을 걷어내기에 손이 모자라 이리 뛰고 저리 뛰어다니며 복구에 여념이 없는데 이젠 찢겨진 비닐하우스 위로 비까지 쏟아지고 있다.

얼어서 나뒹구는 시설 채소 위로 찬 봄비가 내리고 있다. 잔설에 떨어지는 봄비 소리가 농민의 가슴을 시리도록 아리게 한다. 땅속엔 벌써 수분이 넘친 듯하다. 웅덩이 곳곳에 고인물이 또 다른 기운이 되어 하늘로 솟아올라 봄은 문턱까지 온 듯한데 솟구치는 울분을 감추지 못하는 농민들의 마음은 어찌하면 좋단 말이오. 상실의 슬픔에도 용기 내어 자연에 순응하듯 복구에만 몰두하는 농민의 이마에 땀이 맺힌다.

언제나 시련은 겹쳐오는 것. 어제는 폭설을 안기더니만, 그 아픔이 가시기도 전에 오늘은 폭설의 잔해 위로 비가 내린다. 하루라도 빨리 복구해야 다음 농사 준비를 할 터인데 날씨까지 방해하니 일의 진척은 없고 바라보며 기다려야 하는 농심만 바쁘다. 수확의 기쁨을 놓쳐버린 아픔을 잊으려는 듯 복구에 열심인 농민들 머리 위로 비가 내려 아프게 한다. 내리는 찬 봄비를 바라보는 농민들은 복구의 힘겨움과 수확의 상실로 인해 입도 말라. 말라붙은 듯 말도 잃어버렸는데 철거 작업까지 방해하듯 오지 않아도 될 봄비가 온다. 폭설 잔해 위로 내리는 찬비만큼이나 힘든 농심을 다시 얼어붙게 하는 봄비가 온다.

3부

조리로 물 거르듯

고령에서

만나고 싶지도 않은 사람과 생각지 않은 곳에서 만날 때가 있다. 보고 싶지도 않았으니 말인들 섞고 싶을까? 마주하기 싫어 그곳을 피해 밖으로 나왔다. 앞에 보이는 길을 따라 텃밭을 따라 돌아 그곳에 있는 게이트볼장 안을 괜히 기웃거려보다 그 옆으로 난 길이 보여 따라가다 보니 발아래 긴 하천이 보인다. 둑길 밑에는 시원하게 산책길이 이어져 있다.

멀리 그 길 끝나는 곳까지 걸어볼 작정으로 무작정 내리 걸었다. 남은 길이 한참이나 멀게 느껴질 즈음 길 중간에서 청보리밭을 만났다. 그 앞에 멈춰 서니 마침 바람이 분다. 지나는 바람이 청보리를 휘감아 파도를 만들고, 그 파도 길을 쫓던 시선이 잠시 초록 물결 속에 든 듯 시원하다. 세찬 바람이어도, 미풍이어도 거부하지 않는 청보리. 그 바람 지나니 제자리를 찾아 서서 미동도 없다. 그 어떤 바람도 지나가는 것. 머문 데도 한곳에 머문 듯 얼마나 머물랴. 마침 부는 바람에 몸을 맡겨본다. 그 바람 즐기는 청보리 따라 나도 온몸으로 바람을 안는다. 바람을 피하지 않고 그 바람 즐길 수 있는 지금이 좋다. 바람에 흔들리는 게 아닌 즐기는 청보리를 보며 그 바람 지나면 본래의 모습을 찾아가는 모습이 오늘의 나의 스승이 되는 날이다.

만나고 싶지 않은 사람들이 불쑥 나타나 내가 즐겨야 할 자리에 생각하기도 싫은 과거 속의 일들을 끌어내게 하던 쓴 마음을 청보리가 이렇게 쓰다듬어줄 줄이야. 내리쬐는 봄볕이 제법 여름같이 따갑다. 이마에서 흘러내린 땀이 몸을 적셔줘 마음도 몸도 건강해진 듯하다. 산책로를 따라 길게 이어지는 산책로 둑 아래엔 쑥 뜯는 아낙이 행복해진 날이고, 오염되지 않은 하천에서는 고기 잡는 아저씨 또한 한가한 풍경이 되는 날이다. 이 속에 든 나도 이들도 모두 행복해지는 날이다.

쑥을 뜯는 아낙의 행복한 모습에 자연스레 말을 건네어 본다. "쑥을 뜯으시네요?" "예, 청정지역이라 깨끗해서요. 뜯어 애들 쑥떡 해 보내려고요." "좋지요, 시장에서 잘못 사면 농약 친 것을 살 수도 있어요." 힘들지만 굳이 손수 쑥을 뜯는 건 도시에 사는 자식들에게 청정의 봄을 먹이려는 엄마 마음이 아닌가 싶다. 쑥 뜯는 아낙은 내내 자식들 봄 먹일 생각에 그리 행복해 보였는가 보다. 고생스럽더라도 굳이 내 눈으로 확인된 청정지역을 찾게 되는 건 사랑하는 자식에게 청정지역에서 뜯은 봄을 먹이고 싶은 세상 엄마들의 똑같은 마음이 아닌가 싶다. 그래서 봄날 뙤약볕이 여름같이 따가워도 전혀 힘들지 않나 보다. "많이 뜯어 가세요!" "네!" 봄날에 건넨 시골 아낙과의 대화로 더 풍요로워진 날이다. 어느덧 한곳에 멈추려던 생각은 이미 달아난 듯 혼자만의 시간에 비워진 나를 찾은 듯 만나고 싶지 않은 사람들은 이미 잊어버렸다.

호사스러운 날

벚꽃 맞을 준비가 안 된 탓을 바쁜 일상에 떠넘기면서 매년 벚꽃 만개의 시기를 놓쳐버린다. 전화가 왔다. 친구한테서. 북천 둔치의 벚꽃이 지금 한창이라는데 시간이 되냐고 마침 시간 되는 친구가 다섯은 되니 필히 자전거를 끌고 나오라고. 이 봄날의 꽃길이 궁금하기도 한데 오늘은 날씨까지 좋으니 금방 마음이 동해 급히 집을 나섰다. 갑작스런 친구와의 만남이 이뤄낸 소소한 즐거움.

맑은 날까지 즐거움을 보태니 가끔씩 불어주는 바람 속에 흩날리며 떨어지는 꽃잎이 꽃비 되어 예쁘다. 한없이 이어지는 벚꽃이 만들어내는 단순함의 아름다움을 즐길 수 있는 이맘때는 이 길로 달리는 자전거 하이킹이 좋다. 자전거는 빠르지 않게 걷는 듯, 달리는 듯 천천히 타는 게 좋다. 속도감 없이 페달은 느리게 밟으며 눈은 바쁘게 벚꽃을 좇는다.

유모차를 끌고 나온 젊은 엄마의 얼굴엔 행복한 미소가 있고, 유모차를 타고 있는 아이 또한 한 송이 예쁜 꽃이 되어 방긋거린다. 멀리 무리 지어 오는 여학생들의 재잘거림이 또한 노래가 되는 한가한 오후이다. 둔치에는 벚꽃 만개의 유혹에 넘어간 남녀노소 모두는 지금 꽃을 닮아 있다. 입가엔 행복한 미소가 있어 아름답고, 그곳엔 찡그린 모습은 찾을 수 없어 또한 좋다. 이런 날은 힘든 삶의 무게는 내려놓은 채 맘껏 행복하면 되는 것이다. 이런 작은 것들이 삶의 활력이 되는 즐거움이지만, 해마다 오는 벚꽃 만개의 시기를 놓쳐 못 보고 사는 사람들도 많을 터이다. 내가 그랬듯이.

이렇게 좋은 날 친구들과 함께한 시간이라 좋고, 계획된 시간이 아닌 갑자기 만들어낸 여분의 시간이 주는 호사라 더욱 좋다. 이렇게 지금의 벚꽃놀이가 호사스러운 건 그동안 상가 수리로 몇 달간 힘들었던 공사 기간의 지루함 뒤에 갖는 모처럼의 시간이기 때문이다. 지금은 10대로 돌아가 있는 마음만큼이나 할머니들의 웃음소리 또한 10대를 닮아 있다. 골 깊은 주름에도 연신 셔터를 눌러 포즈를 잡는 모습은 웃음소리까지 다 잡아 사진 속 배경으로 기억 속에 저장된다. 산책로 위로 살포시 내려앉은 꽃잎이 눈송이처럼 아름답다.

떨어진 꽃잎 위로 자전거로 달리는 몸과 마음은 새털처럼 가볍다. 가는 길에 먼저 자리한 사람들로 운치 있게 꽃잎이 떨어져 앉은 탁자가 놓여 있는 정자를 놓친 터라, 되돌아오는 길에 찜해둔 그 탁자가 있는 정자에 마주 앉아 싸간 차를 마시며 여유를 부리는 행복을 누려본다. 이런 작은 것들이 바로 행복이다. 내일은 비가 온다는데 날 한번 잘 잡은 것 같다.

정상의 나무 2

몇 년이나 못 올랐을까? 오늘은 시간을 내어 갑장산에 올랐다. 정상을 바라보는 산 중턱에 오를 즈음 어느덧 등 쪽으로 흥건히 젖어오는 땀이 옷 속에서 땀줄기를 만들며 흘러내리다 허리춤에서 멈춘다. 젊을 때는 여름에도 내의를 입어야 할 정도로 추위를 많이 탔었는데 이순이 된 지금 조금만 움직여도 곧잘 땀을 흘리게 된다. 땀이란 놈 이마에서 뺨을 타고 내려오기만 하면 될 터이지만, 내려오다 중간에 맘이 변하면 방향을 틀어 눈 속으로 들어가는 통에 여간 곤혹스러운 것이 아니다. 안경을 끼지 않았다면 그런대로 수건으로 닦던가 아니면 손등으로 훔치면 될 터이지만, 안경을 끼고 있는 탓에 안경을 벗고 땀을 닦아내야 하기에 여간 번거로운 게 아니다. 그렇다고 금방 닦지 않고 버티려면 어느덧 안경알은 부옇게 서리가 껴 앞이 보이지 않는다. 땀을 닦으려면 멈춰야 한다.

흘러내리다 눈 속에 들어간 땀을 닦아내며 나무에 기대어 서서 헐떡이는 숨을 고르려 큰 소나무에 등을 대고 서니 두툴두툴한 소나무 껍질의 촉감이 참 좋다. 나무에다 등을 쳐본다. 통통통 울리는 소리가 온 산을 울리듯 심장을 때린다. 문득 등 쪽으로 시원하게 스며드는 소나무의 기운이 너무 좋다. 나무에 기대어 서서 하늘을 본다. 솔잎 사이로 보이는 하늘은 한없이 맑기만 한데 코끝을 간질이는 솔바람 소리 또한 좋다. 숨을 고르다 보니 온몸을 싸고돌던 솔바람이 흘러내린 땀을 닦아준다. 조용히 눈을 감아본다. 헐떡이는 숨은 은은히 베어오는 솔향기가 잡아주니 나와 소나무가 어느새 하나가 된 듯하다. 이를 본 세찬 바람이 시샘하듯 휘리릭 소리를 내며 때려 나와 소나무를 떼어놓으려 한다. 윙 하고 나무를 울리는 소리가 온몸을 울리듯 하다. 지금 산속엔 산과 나와 나무 그리고 지나는 이름 모를 산새들의 지저귐과 시샘하는 바람 소리뿐이다. 그 속에 서 있는 나도 자연 속의 하나일 뿐이다.

정상에 닿았다. 많은 것을 볼 수 있는 정상에 서 있는 나무가 세찬 바람을 보내주고 있다. 이미 그 바람 지나갈 것임을 다 아는 듯하다. 눈이 와도 비가와도 시간이 흐르면 흔적도 없음도 다 아는 듯하다. 정상의 나무는 어떤 상황이 와도 흔들리되 넘어지지 않는 의연함으로 잠시의 변화들로 받아들이고 있을 뿐이다. 언젠가 사라질 그것들을 전부 안으려 하지 않기에 평온하다.

때가 되면 절로 조용해질 것도 모르고 힘들게 잡고 있어 매일을 괴롭히는 사람들. 어떤 것이든 인연이 다하면 떠나버릴 걸 알면서도 모른 채 다 잡고 괴로워한다. 어떤 바람이 닥치더라도 머물 만큼 머물면 떠나갈 것이니 이제부터라도 순리대로 그냥 그렇게 묵묵히 제 자리에 그대로 서 있기로 하자. 바람이 지나듯 그렇게 세월 가게 두어두자. 내게 닥친 힘든 것들도 모두 자연의 모습인 양 그냥 두기로 하자. 그것이 아무리 견디기 힘든 일이어도 언젠가는 다 지나갈 터이니.

길 2

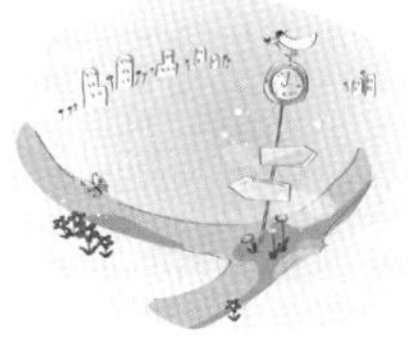

살다 보면 인연에 의한 두 길을 경험하게 된다. 두 길을 만났을 때 난 언제나 어렵고 힘든 길을 가길 좋아한다. 힘들게 가는 길이 그저 좋아진 게 아니다. 내가 하는 모든 일은 언제나 잘 꼬여 남들은 한 번만으로 성취할 일도 서너 번의 시행착오를 거쳐야만 해결되다 보니 그게 어느덧 습관이 되어버린 듯 아예 힘든 길을 선택하게 된다. 이렇게 살다 보니 쉬운 길은 아예 내가 갈 길이 아니다 싶어 쉬운 길을 만나면 선뜻 그 길로 들어서길 망설이게 된 것이다. 어느덧 그게 습관이 된 탓인지 쉽고 순탄할 것 같은 길은 아무 변화도 없어 지루한 듯하여 싫다.

변화가 많은 힘든 길은 한 발 한 발 딛고 가야 하기에 자국 자국이 쌓여 또 다른 소중한 거름으로 남는다. 힘든 자국엔 땀 흘려 이어지는 힘든 노력이 뒤따르기에 더욱 진실한 길이 되어 튼튼하다. 굵은 돌멩이로 채워져 있는 길을 만날 때는 힘들어도 참고 걷다 보면 그 길의 끝엔 늘 성취감이 기다리고 있다. 무릎까지 찔러대는 가시밭에선 걷는 다리에 심한 상처가 생기기도 하지만, 그 상처는 인내란 영광된 결과로 남아 또 다른 경험이 지혜로 이어진다. 때론 머리 위로 쏟아지는 소낙비를 맞을 때는 지저분한 흙이 신발에 들러붙어 걸을 수 없게 늘어지게 하는 무거운 무게에 좌절하기도 하지만, 계속해 걷다 보면 그 길도 언젠가는 끝이 나게 마련이다. 무리하게 걷다 보면 발은 붓고 물집이란 놈이 괴롭히게 되면 몸은 지쳐 균형 잡힌 걸음을 걸을 순 없다. 그러나 묵묵히 계속해 걷다 보면 상처는 어느새 아물어 그 길의 끝은 값지고 보람차다.

그 힘든 길에도 가끔씩은 지친 어깨를 적셔주는 단비가 있기에 힘든 길을 마다하지 않는다. 결코 쉽지 않은 그 길의 끝에는 무한한 성취감과 안도와 환희가 있음에 순탄한 길에 비할 바가 아니다. 쉬운 길은 나중에 가고 지금은 힘들지만 험하고 힘든 길을 가려 한다. 나이 들고 병들어 힘든 길 가기가 어려워지는 그때 쉬운 길에 들어 산바람도 즐기며 느림을 만끽하는 행복 속에 빠져도 누가 뭐라지 않을 거다. 여유롭게 산새 소리도 들으면서 때론 그늘에서 쉬면서 땀을 닦으며 작은 가지 잎사귀 사이로 보이는 파란 하늘 속 구름을 다 가진데도 그땐 누가 뭐라진 않을 거다. 누가 뭐라 해도 아직 그때까지는 힘든 길로 갈 것이다.

비엔나에서

하늘 향해 높이 솟아 있는 빈 시청사는 1883년에 지어진 신 고딕식 건축물을 그대로 사용하고 있다. 이 건물은 내 디지털카메라로는 아름다운 시청사의 모습을 다 담을 수 없어 안타깝다. 우리가 그곳에 간 날은 저녁에 시청사 마당에서 열리는 음악회 준비가 한창이던 때이다.

시청 앞마당에서 열리는 음악회라 잘 이해되질 않지만, 이곳에선 그것이 통상의 일로서 행해진다고 하니 이곳 사람들은 얼마나 좋은가. 저녁에 열릴 음악회를 위해 의자가 줄 맞춰 놓여지고 탑처럼 뾰족이 솟은 시청사 건물 중앙엔 깨끗하고 큰 흰 스크린도 걸려 있다. 뒤에 앉은 사람들을 위해 스크린으로 가까운 연주자들의 생동감 있는 표정을 보면서 음악을 감상할 수 있게 한 시의 배려인 것이다.

게다가 공연장에서 조금 떨어진 뒤쪽에는 두 줄로 일일 노천식당들이 질서 있게 이어져 있다. 그곳엔 사람이 많아 지나는 인파에 서로의 어깨가 부딪혀도 짜증 내는 이 하나 없는 여유로움을 함께 즐긴다. 각양각색의 사람들이 모여앉아 즐겁게 식사하는 이들도 즐겁지만 먹는 즐거움은 없어도 지나가는 사람들은 그걸 보는 것만으로도 즐겁다. 편하게 앉아 식사하는 만족한 표정을 보면서 그들의 여유로움 속에 들어가 보는 것 또한 재미있다.

음악의 도시답게 시청사 마당에서 생음악을 들을 수 있게 하고, 청사 앞에다 간이 포장집까지를 허가해 주는 빈 시청의 시민을 위한 배려가 부럽기만 하다. 이곳은 겨울이 빨리 오기에 지금이 음악회가 제일 많이 열린다고 한다(우리가 8월 19일에 갔으니). 이때는 빈 시내 전체가 음악회의 포스터로 도배하다시피 크고 작은 음악회가 곳곳에서 열린다고 하니 얼마나 부러운지. 누구든 마음만 먹으면 생음악을 접할 수 있도록 늘 가까이에 연주 공간들이 산재해 있는 곳.

아마도 오늘 저녁엔 각종 정장과 아름다운 드레스를 차려입은 선남선녀들이 삼삼오오 짝을 지어 광장을 메우게 될 것이고, 야외에서 울려 퍼지는 웅장하고 아름다운 연주회를 즐길 것이다. 맘만 먹으면 생음악을 즐길 수 있는 그들이 마냥 부럽기만 하다. 빠르기만 한 그룹의 여정에선 감히 상상도 못 할 일이지만, 혼자만의 여정이었다면 어쩜 오늘 밤엔 나도 그들 속의 한 사람으로 품위 있게 연주회를 즐기는 기분을 만끽했을 것이다. 빠르기만 한 그룹 여정에선 때론 이렇게 소중한 것들을 놓치고 지나간다.

선택

'인생은 'Birth'와 'Death' 사이에 있는 'Choice'다.'란 말을 읽은 적 있다. 즉 사람들은 살아가면서 많고 많은 선택을 하는 순간과 만나게 된다는 것이다. 사람이 살아가는 한 매 순간마다 선택을 하며 살아간다. 어릴 때는 부모의 선택에 따르게 되나 성인이 되고, 결혼을 하게 되면 자연스레 선택의 권한이 본인에게 있게 되고, 책임 또한 본인이 져야 한다. 작게는 오늘 무얼 먹을지, 무얼 입을지, 누굴 만날 것인지 등 이런 의례적인 선택에서부터 크게는 미래의 선택까지 헤아릴 수도 없는 많은 선택과 맞닥뜨리면서 살아간다. 살아 있는 한은 그때그때마다 찾아온 상황에서 선택해야 하고, 선택은 또한 남이 아닌 내가 해야 하는 것이다.

내가 한 선택이기에 책임 또한 내가 지어야 하는 것이기에 신중해야 한다. 내가 선택한 것은 누굴 원망할 수 없으니 남의 탓이 아닌 바로 내 탓이 되는 것이다. 혹이라도 누구의 덕을 볼 생각이 아니란 굳은 의지가 있는 한, 선택 또한 남이 아닌 내가 해야 하는 것이다. 만약에 남의 선택에 따른다면, 나는 없고 남만 있으니 남이 하자는 대로 따를 수밖에 없으니 나의 소중한 시간들은 이미 나의 것이 아닌 남의 것이 되는 것이다.

선택할 것이 두 개 이상이라면 그 선택은 자연적으로 고민이 될 수 밖에 없다. 그럴 때는 그 길을 선택하였을 때의 미래의 내 모습을 그려보는 것이다. 그러면 그 길로 가야 할지 말아야 할지의 방향을 결정하는 데 큰 도움이 될 것이다. 그러나 선택한 후에는 뒤돌아보지 말아야 한다. 고민은 선택 전에만 하고 선택 후에는 그 고민도 끝내야 한다. 그다음부터는 그 선택을 잘 받아들일 수 있게 나를 훈련시켜 나가야 한다. 운명을 바꿀 기회란 놈이 첫 번째 찾아왔을 때 신중한 고민 후 그 선택을 거부했다면 두 번째 똑같은 기회가 왔을 때도 거침없이 거부해야 한다.

그러나 똑같은 기회가 세 번, 네 번이나 찾아왔다면, 이는 내가 선택할 수 없는 선택이 아니란 생각이 든다. 기회란 놈이 세 번이나 찾아온 데는 다 이유가 있지 않을까 하는 생각이 든다. 이를 운명이 아닌 숙명으로 받아들이고, 일단 알지 못하는 그 길에 대한 두려움에 부딪혀보는 것도 괜찮지 않을까 한다. 그러나 선택한 후 먼 훗날에서 그 선택은 잘못되었다고 깨닫게 되더라도 후회하지 말아야 한다. 비록 그 길이 내가 바라던 결과와 만나지 못하게 될지언정 이미 선택한 그 속에서의 많은 것과 만날 수 있음도 선택의 결과이므로 선택한 길에서는 후회는 접고 최선을 다함이 좋을 것이란 생각이다. 수십 번의 선택을 하면서도 수십 번의 시행착오 속에서도 잘 버텨온 것은 똑같은 시행착오를 않은 것이라 생각된다. 그러나 쉬울 것 같은 선택의 길에 서면 나이 먹어도 망설여지는 건 어쩔 수 없나 보다.

조리로 물 거르듯

평소 내가 좋아하는 지인이 있다. 일흔을 넘은 나이로 그녀는 체구만큼이나 마음도 넓고 깊은 사람이며 바르게 살아가는 사람이다. 삶의 진실이란 가슴으로 배어 나오기에 나도 모르게 공감대를 형성하며 자연스럽게 그녀를 좋아하게 되었다. 나와 다른 점이 있다면 그녀는 재빠른 판단을 내릴 수 있는 순발력을 가졌고, 불의를 보곤 직언을 하지 않고는 못 배기는 용감한 사람이다. 그녀에겐 그녀의 덩치만큼이나 모두를 제압하는 힘을 가진 듯하다. 때론 다수의 사람들과 시끄러운 마찰음을 내기도 하지만, 그건 모두 직언을 마다하지 않는 그녀의 용감함 때문이다. 당한 당사자는 자기의 잘못을 합리화시켜 보려 하지만, 그녀의 판단은 항상 정확하다. 내가 어려운 일이 있으면 언제라도 찾아갈 수 있게 그녀는 언제나 문을 활짝 열어두고 있다.

그런 그녀가 근래에 자주 쓰는 말이 있다. 나이가 드니 "조리에 물 거르듯 도통 생각의 정립이 안 된다"고. "책을 읽어도 마음 따로 눈 따로 좋아하는 책도 읽을 수도 없다"던 말. 그런데 나이가 10년 차로 적은 내가 벌써 그 말을 실감하고 있다. 얼마 전에 대학원에 입학을 했다. 평소에 하고 싶었던 일이었기에 복지학과 졸업 후 바로 이어서

할 수 있는 과목을 찾다 마침 숙명여자대학교 원격대학원에 실버산업학과가 있어 앞으로 내 나이엔 알아야 하는 미래이기도 해서 이곳에 입학한 것이다. 그런데 얼마 전 대학원 석사 과정을 끝낸 친구 왈. "그만 집어치우고 편하게 살아." "그 나이에는 이제 맛있는 것이나 먹으러 다니고 여행이나 하면서 노후의 삶을 즐기면 되지 석박사가 뭔 소용이야." "그것도 내가 해 보니 젊은 애들 따라잡기도 쉽지 않을 뿐더러 자칫 무리하다 보면 몸만 망칠 수 있어"라며 극구 말린다. 그건 성취한 자의 여유가 아닐까. 힘든지 어떤지는 안 해 봤으니 이왕 시작한 건 해 보는 것이다. 또한 그만두는 건 자존심이 허락하지 않는다.

쏟아지는 강의의 출석 체크와 리포트 작성. 놓친 건 언제라도 다시 들을 수 있다는 장점. 딴 일 하다 놓쳐버린 강의를 한꺼번에 몰아보기. 내게 맞는 학습 방법을 찾다 보니 선택과목에서 지루함을 피해 보자면서 선택한 과목으로 디카와 편집, 온라인 출판 등 재미있을 과목을 끼워 넣으니 지루하질 않다. 이렇게 맘만 먹으면 뭐든 하고 싶은 공부를 집에서 앉아서 할 수 있게 된 편리한 세상에 살고 있는 것이다. 지금까지 봉사하면서 현장에서 체험했던 일들을 학문적으로 정리하는 것도 재미있다. 시험 때면 자료를 놓고 앉아 멍 때릴 때도 그만두지 못하는 건 힘든 과정을 즐기는 쏠쏠함 때문이다.

대학원 공부란 것이 자칫 지루할 수 있다. 한 전공을 갖고 계속해서 밑으로만 파는 공부라 재미 들이기가 쉽지는 않다. 늦게사 저지른 나의 도전이 젊은이들과 함께 갈 수 있으려면 더 많은 시간을 투자해야 할 것이다. 굵은 조리에서 가는 조리로 계속 거르다 보면 많은 시간 뒤엔 분명 걸러지는 게 있을 테니. 이제 한 발을 내디뎠으니 절반은 온 것이고 다시 돌아갈 순 없으니 앞으로 나가야만 한다.

물을 데가 없어 프레젠테이션 과제를 안고 혼자 끙끙거리며 만들던 때. 발표하면서도 당당히 처음 해 본 것이라 서툴고 무척 힘들었다며 당당히 말할 수 있었던 것도 나이 듦의 여유라 하고 싶다. 힘든 후에 마친 개운함. 새로운 걸 알아가는 재미. 이런 것들이 공부하는 즐거움이지 싶다. 동기 대학원생들은 딸 같고 손주 같다. 1주 한 번씩 열리는 오프라인 강의 때면 만나게 되는 동기들이 내게 부르는 호칭은 ㅇㅇ 언니이다. 60대의 언니가 20대의 동생을 가진 셈이라 사회 속 직함에 익숙해진 내겐 이 호칭이 처음에 낯설기도, 무례하게도 보였지만 그 호칭이 정겹게 느껴질 때는 이미 졸업을 앞둔 시기가 되었다.

학생들은 직장인도 주부도 박사과정을 위한 하나의 중간 과정으로 선택한 것이지만, 모두 열심히 살아가려는 사람들임엔 틀림없다. 그중엔 시의원도, 개인적 복지에 대한 아픔을 안은 자도, 그 분야에 일하고 싶어 하는 자도, 시설근무자도, 노인 용구 판매자도, 전업주부도 참으로 다양하다. 지방에 사는 학생들이 서울까지 오가는 불편함을 견디면서도 열심인 건 성취의 목적이 있기 때문이다. 마산의 한 시의원 학생은 시간이 맞지 않아 찜질방에서 자고 오면서도 새로운 도전의 학습에 빠져 있다.

젊어 대학 다닐 때는 어울러 놀기 바빠 한 번도 찾지 않던 도서관을 이 나이에 얼마나 다녔는지. 몇 시간씩 젊은 학생들 속에 섞여 자료를 찾고 정리하다 보면 후딱 지나가던 짧은 시간의 즐거움은 잊을 수 없다. 학생들 뒤에 줄 서서 먹던 학교 식당의 점심도 추억이다. 강의 시간 늦어 택시를 탄 날. 기사님의 말 "교수님이세요?" "아니요 학생인데요." 나이 먹은 학생이 신기하듯 백미러로 보고 또 보던 기사님도 늙은 학생이 신기했을 것이다. 졸업 시험을 마친 후 몸이 고장 났다. 몸은 더 이상의 욕심은 말라 한다. 이곳에서 그만 멈추라 한다. 박사학위가 무슨 소용이라고 몸이 항변한다. 무엇을 하겠다는 생각으로 시작한 공부가 아니기에 그동안의 대학원이란 과정을 즐겼으니 이쯤에서 멈추기로 했다. 그러나 멈춤의 후회는 없다. 순리를 따를 줄 아는 나이에 와 있기에…….

교장 정계선 라이온

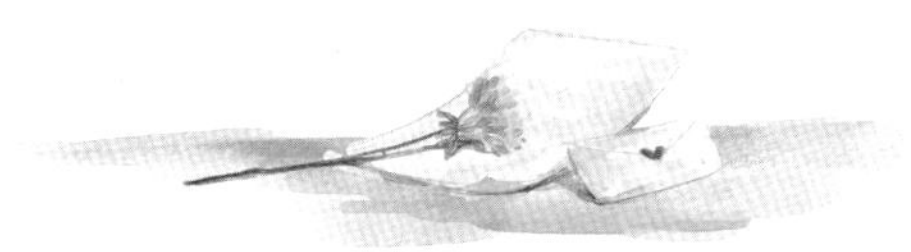

정계선 라이온은 참으로 발전적이고 진취적인 여성이다. 그녀가 상주여고에 교감으로 재직 시, 총동창회가 유야무야함을 보고 앞장서 체계적으로 움직일 수 있게 많은 노력을 해주신 분이기도 하다. 그녀의 왕성한 활동력만큼이나 그녀는 가장 어린 나이에 여성 교장이 되었다. 그러다 보니 가족의 희생이 따랐을 것이고 어쩜 자기 몸 챙기는 것도 등한시했을 것이다. 전해 들은 애기로는 가정 내의 어떤 일로 쇼크를 받아 화장대 앞에서 쓰러져 정신을 잃고 병원에 실려 간 뒤 그길로 의식도 없이 식물인간처럼 병상에서 몇 달을 고생하다가 저세상으로 가버렸다.

평소 내게 퇴직하면 해야 할 일이 있어야 한다면서 그게 바로 봉사하며 사는 것이라며 밝게 웃던 그녀. 그녀의 바람대로 봉사할 수 있게 특별히 그녀를 라이온으로 추천을 해주었던 나였다. 라이온이 된 그녀는 바른 직관력과 포용력으로 회의 시에도 그녀의 능력을 충분히 보여 주었다. 의식이 반듯한 그녀를 나는 무척이나 좋아했다. 내가 라이온스 경북지구 총재 취임을 할 때도 그녀는 자기 일인 양 좋아해 주었고, 모교의 자랑이라고 학교의 벽에다 큰 축하 현수막까지 걸어줄 정도였으니까. 가끔 함께 식사를 해도 하나도 지루하지 않을 정도로 시간 가는 줄 몰랐으니까.

그녀가 있는 영안실에서 만난 모 교장 선생님은 참으로 아까운 사람이 갔다면서 살아 있었으면 둘이 얼마나 좋았겠냐면서 슬퍼하시던 일. 그녀에겐 휠체어를 타야만 이동이 가능한 남편이 있다. 어떤 계기로 갑자기 입원한 병실에서 뛰어내려 장애인이 된 그녀의 남편은 지식층으로 모 대학의 교수이기도 하다. 사고 나기 전에는 목욕탕에도 둘이 손잡고 함께 갈 정도로 정이 도타운 부부였는데. 저세상엔 필요한 사람을 먼저 데려간다.

이미 이성에서의 할 일은 다 한 거라 여긴 탓일까. 그곳에서도 그녀가 할 일이 급히 생겼나 보다. 그녀는 가고 없지만 난 가끔씩 그녀가 생각난다. 살았다면 퇴직 후에는 아마 훌륭한 봉사자가 되어 행복한 제2의 삶을 살면서 맡은 바 소임을 다 해내는 소금 같은 삶을 살고 있지 않을까라는 생각이 든다. 내 주위에 있는 좋은 사람들은 그렇게 하나둘 먼저 가버린다. 지금도 가끔 그녀의 웃는 얼굴이 보고 싶어지는 날이 있다.

아우슈비츠(Auschwitz)

빨간 벽돌 건물로 되어 있고 현재는 박물관과 전시실로 꾸며져 있는 그곳. 아우슈비츠 수용소 입구엔 차단기가 들리어진 수용소 정문 위의 아치로 된 문형에는 다음과 같은 글자가 독일어로 새겨져 있다. "ARBEIT MACHT FREI(일하면 자유로워진다)"라고 붙어 있는 쇠로 된 활자가 우리를 긴장하게 한다. 과거 나치의 손에 유대인 150만 명의 목숨을 앗아간 그곳에 우리는 지금 와 있는 것이다. "일하면 자유로워진다."는 곳을 통과하고 안으로 들어가니, 굵은 철 기둥이 세워진 전류가 흘렀다는 이중 철조망 사이의 바닥에 깔린 자갈이 신음 소리를 내듯 바람을 안고 쇄아 소리를 내고 있다. 수용소는 빨간 벽돌 건물로 옛날의 그 자리에 무겁게 앉아 있고, 건물 옆 노령의 나무들은 당시의 산증인인 듯 고통의 현장을 묵묵히 지켜보며 서 있다.

이곳은 전체가 28동으로 지금은 박물관과 전시실로 꾸며져 있다는데, 1957년에 세워진 희생자 박물관은 1979년에 유네스코에 의해 세계유산으로 등재되었다고 한다. 전시실 유리관 안에 수없이 쌓여있는 녹슨 가스통(작은 페인트 통 정도의 크기)은 나치가 개발한 것으로 그 작은 1통으로 400여 명의 목숨을 앗아갈 수 있다 하니 그 위력이 가히 놀라울 뿐이다. 가스실엔 수용된 사람들에게는 전염병 소독을 한다고 속여 선 채로 한 방 가득 몰아넣어 천장에 달린 환기구처럼 생긴 작은 구멍에서 새어 나오는 가스를 소독약으로 알고 서서히 새어 나오는 가스에 몸을 맡긴 채, 가스 구멍 바로 밑에 서 있던 사람부터 차례로 하나씩 쓰러져 죽어갔다니 말을 잊을 뿐이다. 가스실에 발을 딛자 찬 시멘트 바닥의 찬기가 발을 타고 온몸으로 올라온다. 등줄기를 타고 내리는 찬 기운이 한기를 느끼게 하는 건 시멘트 바닥 때문이 아니다. 바로 옆방에 이어진 화장장엔 죽임당한 가스실의 시체들을 옮겨와 뜨거운 화기 속에서 한 줌의 재로 만들어버렸다는 이곳에 들어오자 갑자기 화기를 느끼듯 답답해지며, 열기가 엄습한 듯 현기증이 난다.

하루 식사용으로 먹었다던 전시된 커피 색깔의 묽게 생긴 국물 속에 몇 개씩 떠 있는 건더기는 무엇인지도 모르는 정체불명의 것이었다니. 수프 한 그릇이 하루의 식사량이었다니. 체중은 짧은 시간 안에 절반 이상 줄어 뼈만 앙상하게 남아 있다(입소 시 60㎏이 한 달 후면 20㎏으로 줄었다). 가방 하나 들고 화물칸에 가득 실려 이동되어오던 그들은 죽임의 장소로 가고 있는지도 모르고, 희망을 안고 가방 속에 넣어온 일상용품인 머리빗과 구두 닦을 구두약과 칫솔들이 나뒹군 채 그들의 희망으로 그곳에 산더미처럼 쌓여 있다. 똑같은 가방을 가지고 자기의 소지품을 확인하려 적어놓은 각자의 이름과 생년월일이 쓰인 채 산더미처럼 아무렇게나 널브러져 쌓여 있는 그곳에서 전시실 유리창 뿌연 먼지만큼이나 그들의 희망도 그렇게 희미하게 사라져갔을 것이다. 마당 앞 공개 교수대 앞에 몰려 있는 수많은 수용인이 목을 제쳐 놀란 눈과 벌어진 입으로 모두 한곳을 쳐다보는 사진 속 뒷모습만 보아도 그 당시 교수형을 당하던 생생한 그 순간의 공포를 실감할 수 있다.

생체실험을 위해 소년에게 성기를 잘라내고서 얼마나 견뎌내느냐를 실험하던 생체실험실. 그곳에서는 실험대상자의 생존일이 최대 2~3일밖에 안 갔다는 무서운 곳. 이곳에 처음 실려 온 수용자들은 남자와 여자, 유아와 노인, 병약자와 장애인으로 분류 노동력이 없는 유아, 장애인, 노약자 순으로 죽임을 당해갔다고 한다. 진열장 가득 전시되어 쌓여 있는 그 당시 의족 등 장애인 보장구들을 보니 그 당시의 생활 수준이 그렇게나 앞서갔나 싶어 놀라울 뿐이다. 처음 들어오면 빡빡 깎은 그 머리털로 코트를 만들어 입었다니. 그 원한이 맺힌 머리털로 옷을 만들어 입었다니……. 그것으로 만든 옷을 입어도 따뜻했을까? 전시실을 돌아 밖으로 나오니 모두가 지쳐 기진해 있다.

그 옛날 그들이 밟고 다녔을 길을 건너 나무 밑 잔디 위에 서서 지친 심신을 달래려 지나는 바람에다 가슴을 맡겨본다. 짧은 시간에 우리는 모두 지쳐버렸다. 따갑게 내리쬐는 나무 밑 그늘에 앉지도 못하고, 선 채로 무겁게 내려 보고 있는 붉은 벽돌 건물을 바라보자니 조여오는 가슴이 답답한데 뜨거운 날씨가 열기까지 답답함을 더한다. 그늘 아래 쉬고 있는 모두는 침묵할 뿐 웃음을 잃어버렸다. 멍한 시선만 주고받을 뿐 우리 모두 말을 잊었다.

마침 우리가 쉬고 있는 앞으로 무리 지어 지나는 유대인 청소년

학생들. 그들의 말 없는 침묵의 행렬이 장의 행렬만큼이나 무겁고 엄숙하다. 의무적으로 5시간 이상을 이곳 수용소에 와서 철저하게 현장 교육을 필수로 받아야 졸업이 가능케 만든 제도로 학기 내에 꼭 직접 보아야 하는 의무적인 일들이지만, 그들의 눈엔 그 당시의 상황을 느끼며 잊지 않으려 하는 굳게 다문 입술에는 굳건한 의지가 엿보인다.

학생들의 웃음 잃은 표정으로 이어지는 행렬에 우리들 무거운 마음까지 보태어져 수용소 안 마당은 무거운 기운으로 더욱 우울하기만 하다. 밖으로 나오니 하늘도 우리들 마음인 양 검은 구름이 햇볕을 삼켜버렸다. 미리 예약된 장소로 이동하여 야외 식당서 먹던 그곳의 전통음식은 가슴이 울렁거려 멀미가 날 것 같음은 나뿐만 아니라 모두 같은 느낌이었을 것이다. 싸간 커다란 통의 고추장이 동이 날 정도로 모두가 빨갛게 비벼 먹었으니……. 다음 장소로 이동을 위해 요기는 해야겠고, 속은 울렁이고, 그래서 그날은 고추장이 아린 마음을 맵게 달래주는 날이었다.

호이리게(Heuriger)

음악의 도시 비엔나에서 저녁 식사를 위해 그곳에서 유명하다는 호이리게를 찾아가는 도심가엔 음악의 도시답게 거리마다 마다에 음악 공연 포스터가 즐비하니 붙어있다. 크고 작은 음악회가 비엔나에서만 2500여 회 정도라니 가히 음악의 도시답다. 창밖으로 지나는 노천카페엔 친지인 듯 마주 보고 앉아 담소를 나누고 있고, 혹은 혼자 조용히 책을 읽으며 여유롭게 앉아 있는 그들의 모습은 무척이나 평화로워 보인다.

이곳 사람들은 집 밖의 집이란 말이 생길 정도로 누구나 한 개의 단골 카페를 갖고 있어 몇 년이고 같은 카페의 같은 장소에 앉아 커피를 즐기는 걸 좋아해 오스트리아식 티타임인(야우제) 관계로 단골들이 자리를 차지해버려 오후 3~5시엔 빈자리 찾기가 어렵다고 한다. 그래서 아예 관광객들은 이 시간을 피해 가는 게 좋다고 한다. 하루 중 일정 시간을 단골 카페에서 커피타임을 갖는다는 그들. 신문을 보면서 혹은 책을 보면서 혹은 눈을 마주 보며 정겹게 담소하는 그들의 모습을 보며 그들만의 여유로운 차 문화를 본다.

비엔나 시내를 벗어나는 곳에는 포도 농장을 가진 농부들이 직접 운영하는 호이리게(우리나라의 선술집 같은 곳)가 밀집해 있는 곳이 있다.(이곳에선 직접 농사를 짓는 사람에게만 호이리게를 허가해 준다고 한다.) 금년에 만든 햇 포도주란 뜻의 호이리게는 비엔나 근교에서 직접 농사를 지은 것으로 만든 포도주를 파는 곳이다. 이곳은 옛날 우리나라의 선술집 같은 곳으로 정부에서는 포도를 직접 경작하는 농부에게만 호이리게 간판을 걸 수 있게 제도적으로 제한하고 있다고 한다. 호이리게는 그린칭에 위치하며 그린칭 전체가 포도밭으로 되어 있어 큰길 양 옆에 호이리게가 쭉 이어져 있다.

문밖에 부쉔샹크(Buschenschank)라 불리는 소나무로 만든 화환을 걸어두면 "우리 집에는 올해 빚은 새 술이 있습니다."라는 뜻으로 그들이 직접 빚은 새 포도주를 맛보려면 당연히 부쉔샹크가 걸려있는 집으로 가야 한다.

드디어 호이리게 정식이 나오고(각종 소시지와 감자튀김 등) 모두가 이것저것 먹어보며 음식의 또 다른 문화를 즐기고 있는데, 갑자기 두 남자가 바이올린과 아코디언을 들고서 들어와 식사 중인 우리들에게 생음악으로 연주하는 비엔나 왈츠는 절로 어깨가 들먹여져 금방이라도 모두 일어나 서로 손잡고 왈츠라도 추고 싶은 충동을 일으킨다. 차마 점잖은 체면에 그럴 수는 없고, 감정을 억누르며 할 수 있는 건 겨우 어깨를 들썩이며 손뼉 치는 정도로 흥겨운 시간으로 대신해야만 했다.

사람의 마음엔 일정한 파도가 있기에 일정한 선율을 가진 왈츠는 피로한 심신에 마사지 같은 효과를 주어서 피로한 심신을 달래준다고 한다. 일정한 선율을 가진 왈츠가 오늘의 여독을 말끔히 풀어 준 듯하다. 흥에 겨워 잘 마시지도 못하는 포도주(호이리게)를 한 모금 마시고 선뜻 삼키지 않고, 입안에 물고서 천천히 굴려 음미하면서 짧지만 생음악을 즐긴 행복한 시간이다.

비록 아마추어 악사들이 연주하는 음악이었지만, 그날의 연주는 색다른 감회로 여정의 추억 속에 깊이 남아 있게 될 것이다.

또한 종일 걸어 다녔던 여정의 피로를 잊게 해주는 최고의 연주였다고 하고 싶다. 비록 잠시 쉬었다 지나가는 손님이지만, 그들을 위해 열정을 다해 연주하는 악사들이 리듬 타며 하는 연주에서 자연스레 그들의 음악 속에 함께 빠져든 즐거운 시간이다. 연주가 끝나자 감정을 누르고 있던 점잔 빼던 회원 모두 감명의 박수를 보내고 있다.

나의 직업은

냉장고 청소를 하고 이틀을 아프고, 집안 대청소를 하고 삼일을 꼬박 끙끙거려야 하는 것은 1시간 일하고 쉬어줘야 한다던 의사의 지시를 지키지 않은 탓도 있지만, 평소에 부실한 식사는 물론 끼니 거르기는 다반사고 게다가 육체적인 노동으로 상일꾼처럼 부려만 먹었으니 내게 무어라 할 말은 없다. 감기에 걸려도 약을 먹지 않고도 며칠만 참고 견디면 쫓겨 나가던 감기란 놈도 머무는 날짜가 일주일에서 보름으로 그리고 20일 정도로 길어지면서 몸은 나에게 자주 고장의 신호를 보내주었었다. 그러나 무심하고 미련하게도 그걸 알아주지 못하고 그냥 지나쳐버렸다. 감기란 놈이야 그냥 그렇게 견디다 보면 나가버릴 터이니, 네가 이기나, 내가 이기나 하며 버티고 견디다 보면 승자는 언제나 나였었다.

어느 해 가을 날씨가 갑자기 추워지는 때가 있었다. 사과를 얼기 전에 따야 했다. 과수원 일꾼을 재촉해 딴 사과를 창고에다 나르기 위해 일꾼은 경운기로 사과를 담은 박스를 나르고, 나는 인부들이 따온 사과를 컨테이너에 차곡차곡 담아 일일이 하나씩 쌓는 일을 한 적이 있다. 하루 물량이 줄잡아 3~4백 상자이니 얼마나 많은가? 한 상자가 20㎏이니 그 무게가 내게 결코 가벼운 무게가 아니다. 그땐 내 몸이 현재 그대로 유지될 것이란 착각 속에 혹독하니 부려 먹기만 했으니. 철없이 반찬 투정하는 애들에게 이 지구상엔 밥 한 끼도 제대로 못 먹는 사람들이 얼마나 많은데 반찬 투정을 하냐며, 밥은 배부르게 먹기보다 요기만 하면 된다고 윽박지르기도 했던 무정한 엄마이기도 했는데, 지금 생각하면 애들에게 미안하고 후회된다. 살기 위해 내게 가혹하게 했던 대가를 수십 년이 지난 지금 나를 고통스럽게 한다. 부실한 식사에 그것도 모자라 끼니 거르기를 다반사로 했으니 몸의 반란은 당연한 것이리라.

그래도 주위 사람들은 나를 보면 그 손으로 무슨 힘든 일을 했을라고? 지금 이날까지 사람 두고 편하게 살았으면서 그렇게 아픈 소릴 하냐고. "글쎄요." 답은 "글쎄요"다. 옛날 운전면허 갱신을 위해 신체검사를 하러 갔던 병원의 원장 말씀이 직업이 도대체 몇 개나 되냐고. 내 직업은 여러 가지다. 농장 주인에, 농장의 일꾼에다, 가정부에다, 아빠, 엄마 역할, 관리인에다, 노가다에다, 사업주와 경리이고, 운전기사에다, 이제는 할머니의 역할까지 참으로 많기도 하다. 친구는 이젠 아이들도 다 출가시켰으니 아이들은 이웃집 아줌마요 이웃집 아저씨라는 생각으로 조금 멀리 떨어져 하나의 인격체로 인정해주고, 존중해주며, 그 애들의 삶은 그들에게 맡기고 당신 자신에게 투자를 시작하라고 권한다.

아직까지도 내겐 초등학생으로만 보이는 애들에 대한 관심도 말라면 서운하지 않을까? 괜스레 시작한 대청소에 고장 낸 몸을 안고 누워 있으니 나를 다시 생각하는 하루가 된다.

얼굴에 늘어난 주름만큼 세월의 무게도 안아야 하겠고, 시력의 저하로 큰 글씨 밖에 읽을 수 없음의 불편함도 알아야 할 터인데 말이다. 너무 애들에게 집착하지 말아야 한다. 어찌 생각하면 나 자신을 챙기는 것이 오히려 애들에게 짐이 되지 않음을 알아야 한다. 애들에게는 이웃집 아저씨, 아줌마처럼 좀은 떨어져 있으려 노력해야 한다. 세세한 간섭은 피해야 한다. 나의 관심과 간섭이 줄어들어도 그들의 하루에는 아무 이상이 없을 것이다. 아이들도 그렇게 하루하루 시행착오를 거치면서 쌓아가는 그들 가정만의 개성 있는 새로운 가족의 역사를 만들어갈 것이다. 이제는 나를 알고 나를 챙겨야 한다. 대청소로 고장 난 몸이 잠깐 나를 돌아보게 한다. 그 많았던 직업도 하나둘 세월 따라 줄여질 것이다.

버리기

노인이라면 누구나 언제 맞을지 모를 죽음을 위해서는 미리 준비해야 한다. 그러기 위해선 버리는 것부터 시작해야 한다. 버리기 전에 먼저 해야 할 일은 더 이상 채우지 않는 것이다. 마지막 아이의 결혼식을 올린 후에 살던 집이 너무 큰 것 같아 작은 집으로 이사를 가기로 했다. 지금 살던 집 평수의 절반 되는 아파트로 이사 가려니, 이사할 짐을 절반으로 줄여야 한다. 이삿짐을 싸며, 버리며 느낀 건 참으로 필요 없는 물건들을 아주 오래도록 한자리를 고집하고 있었음에 놀란다.

이 집으로 이사 올 때 베란다에 풀지 않고 박스째 넣어둔 물건들을 10년 넘게 한 번도 사용하지 않고 두었다가, 다시 이사 나오면서 꺼내어버렸으니 쓸데없는 물질들의 무게에 눌러살아 왔음이 부끄럽다. 나이가 들면 살던 집부터 줄이고, 그다음엔 가지고 있던 물건도 딱 가방 하나 들고 떠날 수 있게 줄여 죽음을 준비한다던 선진국의 이야기가 생각나지만, 보태는 것보다 버리는 것이 이렇게 힘든 줄은 모르고 살았다.

평소에도 옷과 보석 따위엔 관심이 없던 터라 그것에 대해 채울 리는 없었으나, 모든 잡다한 생활 속의 소소한 물건들도 아까워 버리지 못하는 습관 탓에 들어오면 쌓여 늘어날 수밖에 없다. 수십 년이나 된 옷장 속의 옷들도 내년엔 입을 일이 생길지도 모른다는 핑계로 남겨두게 되니, 계절이 지나도 한 번도 옷장 밖으로 나와 보지 못한 채 한 해가 지나고 또 한 해가 지난 옷들이 들어 있다. 10년이 넘도록 옷장 밖 구경을 못 했다면 버려도 될 터인데도 버리지 못함은 절약 정신이 낳은 습관이니 어쩌지 못한다.

오랫동안 입지도 못할 옷들이 장롱 속에 끼여 숨 막혀 하는 것도 모르고 살았다. 깨끗이 드라이한 채로 20년이 넘도록 비닐 덮개를 씌워 걸어두었던 세 벌의 남편 옷은 옷을 입을 만한 마땅한 사람을 못 찾는다는 핑계를 대며 그에 대한 추억과 미련을 못 버린 듯 옷장 속에 걸려있는 채 늘 잠자고 있다. 이제는 그에 대한 끈은 놓아버려야 한다. 입을 사람이 있으면 가져가 입길 바라면서 과감하게 재활용함에 두 벌은 넣었다. 그러나 입을 사람이 있다면 줘버려야 한다던 나의 결심과는 달리 아직도 한 벌은 버리지 못하고 있다. 그에 대한 미련의 끈을 놓지 못하는 마음 때문이다. 또다시 그의 옷 한 벌을 추억으로 옷장 안에 남겨두고 다 버리려던 마음을 쉽게 엎어버린다. 이젠 현실 속에 끌어오지 말고 과거 속으로 과감히 보내버려야겠지만 한 벌쯤은 옷장 속에 남겨두어도 괜찮다는 자기 합리화를 고집하며 아직도 버리지 못하고 있다.

그동안 자식에 대한 과한 욕심으로 아이의 적성을 생각지도 않고 높은 곳에 둔 눈높이로 아이들 마음고생도 많이 시켰지만, 지금부터라도 과한 욕심부터 버려야 한다. 언제인가 스스로의 마음이 닿는 곳에서 자신에게 알맞은 목표를 재설정해준다면 더할 나위 없이 고맙겠지만, 이젠 스스로에게 맡기고 나는 그 욕심도 이제는 버려야겠다.

설거지

주부라면 매일 하는 똑같은 일이 많고도 많다. 가족을 위하여 음식을 조리해야 하고, 먹은 걸 치워야 하며, 더러워진 집 안을 청소해야 하며, 입었던 옷을 세탁해야 하는 이런 자잘한 집안의 가사노동에서 결코 자유로울 수 없다. 살아 있는 한 먹어야 되니 요리하고 치우는 일은 매일을 반복해야 하는 것이다.

저녁을 먹고 난 후의 설거지가 제일 귀찮다. 식후의 포만감에 늘어져 조금 있다가 해야지 하고 미루다간 다음 날 아침까지 가는 수가 많다. 먹은 음식물이 묻어있는 그릇이 싱크대 안에 쌓여 하룻밤을 지새우게 되는 것이다. 물론 여유가 있는 집에는 자동 식기세척기가 있어 먹은 그릇들을 세척기에 넣고 버튼만 눌러주면 깨끗이 씻겨 건조되니 편안함은 물론 위생까지 최고이다. 그러나 많은 사람은 그 편한 깨끗함보다 조금은 불편해도 손으로 정성스레 씻어내는 깨끗함을 더 좋아한다. 누구나 귀찮아지면 설거지를 미루고 자게 된다.

요즈음 나는 저녁 식사 후에 바로 설거지를 하든지 아니면 조금 늦더라도 설거지를 하려 한다. 설거지를 끝낸 뒤에는 개수대까지 깨끗이 닦아둔다. 다음 날 아침 일어나면 제일 먼저 만나게 되는 싱크대의 빤짝거림이 좋아서다. 이것이 하루를 맑고 기분 좋게 한다. 아침이 상쾌하니 그날 하루 또한 상쾌하다. 어느 집이든 많은 시간을 보내는 거실에 주방이 붙어 있어 얼굴만 돌리면 시야에 들어오는 곳에 싱크대가 있다. 그 싱크대에 먹은 음식물이 붙은 그릇들이 나뒹굴어 쌓여 있는 걸 하루를 여는 아침에 그걸 보고 싶진 않을 것이다. 음식 찌꺼기를 안은 그릇들이 늘어져 있으면 주방은 물론 거실의 맑은 기까지 빼어가는 느낌이다.

그렇다고 매 식후마다 바로 설거지를 해내기란 쉬운 것 같지만 쉽지가 않다. 그러나 새날의 아침을 기분 좋게 열려면 저녁 설거지만이라도 깨끗이 해 보자. 그릇에 묻은 음식을 안고 가족과 함께 잠들어 있을 찝찝함을 깨끗이 씻어내자. 아침에 일어나 제일 먼저 만나게 되는 주방의 빤짝거림이 그날의 기분을 얼마나 맑게 하는지 한번 경험해보라. 아마도 하루의 첫 시작이 상쾌함으로 열릴 것이다. 방긋거리는 깨끗한 그릇들과 싱크대의 반짝거림이 그날 하루를 여는 아침을 행복하게 만들어줄 것이다. 이 작은 노력이 새날의 아침을 신선한 상쾌함으로 바꾸어줄 것이다.

겨울 외출

며칠 전에 온 눈이 아직 녹지 않고 있다. 지금 들판은 하얀 눈을 인 모습 그대로다. 오늘은 한번 걸어볼까? 신정을 쇠느라 며칠을 고생한 탓인지 내내 집에만 있다가 오랜만에 하는 외출이어서인지 들판을 가로지르는 논둑길에서 겨울바람을 안고 걷는 것이 상쾌하기만 하다. 쌓인 눈을 밟는 사스락거리는 발자국 소리가 즐거운데 뒤따라 오는 나의 흔적들이 있어 더 좋다. 이렇게 좋은 걸 그동안 한 번도 걸어보지 않았다니. 사는 게 급급해 혼자 앞만 보고 달리다 멈춰보니 세월은 흘러 어느덧 수십 년이 후딱 지났다.

눈 쌓인 들판을 걸으며 자연 속으로 들어가 보니 나 또한 겨울 속 하나의 풍경이 된다. 양 볼을 스치는 세찬 바람은 금방이라도 얼굴을 얼려버릴 듯 사납다. 때리는 겨울바람에다 지친 몸을 맡겨본다. 얼굴에 내려앉은 차가운 바람이 뺨 속으로 아리도록 비집고 파고든다. 그러나 몸을 치고 지나는 겨울바람이 가슴속 깊이 눌러둔 묵은 앙금들을 한 번에 쓸어가는 듯 시원하다. 며칠 동안 침체되어 있던 나를 깨우듯 차가운 바람이 정신을 번쩍 들게 한다. 시리듯 추운데 가슴속은 펑 뚫린 듯 시원하다.

이런 날이 좋다. 아무도 없는 들판을 걷는 나를 때리는 겨울바람이 좋고 쌓인 눈 위를 걷는 바삭거림도 좋다. 이런 날은 마음 따라 이곳저곳 기웃거리지 않아서 좋다. 쓸데없이 찾아가 수다를 떨어야 하는 번거로움 또한 없어 좋다. 걷고 있는 들판의 눈길에선 묵묵히 따라오는 뚜렷하고 반듯한 나의 발자국뿐이다. 묵묵히 따라오는 눈 위에 내 발자국이 찍히듯 내 인생도 그렇게 자국을 남기며 나의 역사가 되어갈 것이다. 지금 걷는 길을 굳이 남에게 내세울 필요가 없으니 내가 누구인지 알아 달라고 할 필요는 더더욱 없다. 그저 오늘처럼 들판 속에 들어가 있는 하나의 그림인 듯 살면 될 것이다. 오늘의 외출로 하마터면 놓칠 번한 나를 깨워 제자리에 데려다 놓은 맑은 하루이다.

4부

바보야 놀자

느리게 걷다 보면

나는 새벽 공기를 가르며 걷는 것도 좋아하지만, 석양이 질 무렵 시내 외곽으로 난 둑길 걷기도 좋아한다. 북천에 있는 둑길은 시냇물과 차도를 양쪽에 끼고 있는 높은 길이여서 풍광이 좋다. 둑길에는 머리 위로 푸른 벚꽃 가로수가 이어져 있다. 해 질 녘 저녁의 산책은 새벽처럼 빠르게 걸으며 건강을 다진다는 책임감보다 하루의 일을 마친 후이기에 더 넉넉하고 여유롭게 산책할 수가 있다.

빠르게 걷다 보면 산야의 아름다움을 놓칠 수가 있지만, 느리게 걷다 보면 시야는 절로 넓어져 자연 속에 숨은 아름다움을 놓치지 않고 다 볼 수 있어 좋다. 느리게 걷다 보면 발밑의 작은 풀꽃의 잔잔한 미소와 만날 수 있고, 물속에서 헤엄치는 작은 물고기들이 냇물 위로 튀어 오르는 은빛 곡예를 보는 것이 즐겁고, 물속 기운까지 받는 듯 좋다. 귓불을 치고 지나는 바람 소리가 좋고 시내의 억새 풀 속에 숨은 들새의 재잘대는 소리도 정겹다.

자연은 늘 이렇게 함께하는 것만으로도 즐거움을 준다. 자연은 사람들에게 주기만 해도 줄지 않는 그대로의 모습이기에 언제나 그곳에서 아름다움으로 자리하나 보다. 주어도주어도 줄지 않는 자연의 사랑이 있어 사람들은 그곳으로 모이나 보다.

마음 내킨 날에 아름다운 자연의 풍광을 놓치지 않고 누리며 혼자 저녁 둑길의 석양을 안고 걷는 것이 좋은데 산책길에서 마주치는 사람과의 눈인사가 자연스럽다. 걷다 보면 석양을 진 기운을 받아 등줄기에서 잠자던 세포를 깨워내듯 땀으로 흘러내려 시원하다.

해 질 녘 둑길의 바람은 새벽의 그것과는 다르다. 차갑지 않기에 거칠지 않고 부드러우며 머리끝에서 발끝까지 온몸 구석구석을 빠짐없이 데워주고 식혀주어 일그러진 몸과 마음을 평상으로 돌려놓는 재주가 있다. 느리게 걷다 보면 마음이 느려진다. 느리게 걷다 보면 많은 것들이 보인다. 느리게 걷다 보면 행복해진다.

요정 닮은 할아버지

2003년 라이온스 총재가 되기 위해 미국의 덴버시에서 열리는 (당선 총재들이 세계대회전에 필히 받아야 하는 코스) 가버너스쿨에 입교하여 교육을 받은 적이 있다. 교육 프로그램 중 하나인 마지막 날 저녁에는 앞으로 전 세계에서 라이온스 지도자로 활동하게 될 당선 총재들의 화합의 미팅 프로그램이란 것이 있다. 경북지구와의 미팅 파트너는 조지아주에 있는 모 지구의 총재가 배정이 된 상태이다. 한국의 당선 총재들은 각자 지정된 둥근 탁자에 둘러앉아서 미리 준비해 간 선물을 원탁 밑에 내려두고, 미팅을 위한 기대로 오늘의 파트너가 어떤 지구의 당선 총재와 만나게 될지 궁금해하며 기다리고 있다.

경북지구의 미팅 파트너는 백설 공주의 동화에 나옴직 한 키가 아주 작고 머리가 하얀 투명한 피부를 가진 요정 같은 할아버지 당선 총재였다. 첫 미팅에서의 만남이었지만, 선한 눈동자로 건넨 인사는 언어의 불편함도 느낄 수 없었고, 모두 각자 소속된 지구의 차기 총재가 될 사람들이었기에 봉사한다는 마음 하나만으로도 충분히 일체감을 느낄 수 있는 그런 자리었다.

원탁에 모여 앉은 지구촌 당선 총재와 가족들은 화기애애한 시간들을 보내면서도 어쨌든 한마디라도 더 소통해보려 노력하며 즐거워하고 있었다. 우리보다 잘사는 경제 대국인 미국의 총재였지만, 지구 사무실도 없이 지구 운영을 한다는 것이 생소했고, 웬만한 일은 총재가 직접 한다는 것엔 더 놀라웠다.

미리 준비해간 선물교환에선 한국의 전통공예품인 자개보석함을 선물했고, 팀 파트너는 조지아주의 지도 모형을 한 석탄처럼 생긴 새카맣고 조그만 광석으로(그 고장에서 생산된다는) 살고 있는 지역을 홍보함에 중점을 둔 의미 있는 선물을 보고, 무언가 한발 앞선 선택의 발상이 아닌가 생각이 든다. 동승한 나의 막내 영어 실력으로 화기애애한 미팅의 자리는 즐거웠다.

다음날 파트너 총재는 호텔 레스토랑에 우리를 저녁 식사에 초대하였다. 셋이 가진 저녁 식사에선 퍼스트레이디의 예절을 깍듯이 지키는 또 다른 서구 예절 문화를 접하며 또 다른 초대의 문화를 만날 수가 있었다. 초대된 시간이 행사 때 가진 저녁 만찬 후에 가진 시간이었기에 많이는 못 먹었지만, 아무튼 즐거운 식사로 기억되고 있다. 당선 총재들의 가버너스쿨이 끝나면, 당선 총재들이 교육받던 그 장소에서 라이온스 세계대회가 성대하게 개최된다.

세계대회의 프로그램 중에 가버너스쿨 입교 시 내내 달고 있던 빨간 리본은 그날 행사장에서 직접 떼어 똑같이 함성을 지르며 하늘로 날려 보낸 그 시각부터 명칭이 당선 총재가 아닌 당 회계연도의 총재란 명칭을 사용할 수가 있게 되는 감격스런 순간은 잊을 수 없을 것이다. 이때의 감동이 지구 총재의 임무의 책임감을 각인 시켜 주는 순간이 되기에 의미가 깊다. 마지막 이 감동의 순간에도 미팅 파트너인 요정 닮은 할아버지는 더 이상 만날 수가 없었다. 라이온스 클럽 가입국가의 수가 198개국이고(지금은 208개 국가로 늘었다). 우리나라에만 지구 총재가 20명(지금은 21명으로 1개 지구가 늘었다.) 이었으니, 대회장 가득 채운 세계 속 많은 당선 총재들 속에서 더 이상 파트너 총재를 만날 수 없는 건 어쩜 당연한 거였다. 힘든 여정을 잠시나마 편안하게 해준 꿈속에서 만난 요정 같은 할아버지 이었다며 지금도 가끔씩 막내와 나는 그때의 그 파트너 총재 할아버지를 그리워한다.

뒤뜰이 아름다운 곳

얼마 전에 이사를 했다. 전에 살던 집은 갑장산과 넓은 앞뜰을 안은 확 트인 곳이었다면, 지금의 집은 좁은 길 사이로 지나는 사람들이 보이고 아이들의 재잘거리는 소리가 들리는 작고 아담한 곳이다. 부엌에서 바라보는 소하천은 언제나 비워 둔 채로 있어 좋다. 저수지 물이 넘친다면 언제라도 받아들일 낮은 자세로 누워 필요를 위해 자리를 비워둔 것이다. 자연스런 늪의 모습이지만 잡초를 안은 소박한 모습은 개울로서도 전혀 어색하지 않다.

주위에는 작은 들판과 작은 산들과 옹기종기 모여 있는 집들과 어우러져 소박한 아름다움이 평화로운 농촌의 모습을 연출해 주고 있다. 전에 살던 집은 앞모습이 아름다운 모습이었다면, 지금의 집은 작지만 뒷모습이 더 아름다운 곳이라 할 수 있다.

뒤뜰 멀리로 봉황을 닮았다는 천봉산의 포근한 자태까지 안았으니 지금의 집은 작지만 더 여유가 있다. 살아갈수록 사람도 앞모습보다 뒷모습이 아름다워야 하듯이 내 나이에 걸맞은 아주 좋은 곳으로 이사를 온 듯하다. 전에 살던 집은 창문만 열면 눈에 들어오는 앞뜰은 수만 평이나 되어 속이 확 트여 보기가 좋다. 그곳에 살던 나는 어쩌면 뒷모습보다 앞모습이 더 아름다웠는지 모른다. 그곳에 살던 나는 앞모습에 취해 뒷모습을 볼 여유도 없었다. 이곳으로 이사를 오고 보니 자연스레 뒤뜰의 풍경을 사랑하게 됐다. 언제나 넘치면 내려올 저수지의 물을 수용할 자세가 되어있는 휴면 개울에도 고인물에 작은 물고기가 산다. 그곳엔 소박한 새들과 벌레들이 어울려 소곤대는 정겨운 자연의 소리도 놓치지 않고 다 들을 수 있을 정도로 가까이에 있다.

이곳으로 이사 오면서 평수를 절반으로 줄였으니 당연히 살림살이도 반으로 줄일 수밖에 없다. 당초에는 1/3로 줄일 생각으로 여기저기 집을 알아보다가 그에 합당한 집이 나온 것이 없어 어쩔 수 없이 1/2의 크기로 정하기로 했다. 애초 1/3로 줄이려고 마음먹은 살림살이도 당연히 더 늘어날 수밖에 없지만, 1차로 줄이고 다시 합당한 때 또다시 반으로 줄일 생각이다. 내게 있어 물질의 무게는 내 삶 속에서 이제는 걷어 내야 할 짐이기도 하다. 가진 것의 무게가 무겁게 느껴지던 날 더 이상 늘이지 말고 줄여나가야겠다고 내 자신에게 약속했다. 살림살이 정리를 하면서 수십 년간 그 자리에서 한 번도 제 소임을 다하지 못한 채 자리만 고집하고 앉아 있는 물건들이 제법 있다.

사람도 마찬가지로 의무를 다하면 자리를 비켜주어야 하는데 그러지 못하고 욕심만 고집하며 자기 아니면 아니 된다는 생각으로 버티는 사람이 있다. 추하게 자리를 고집하는 모습이 미래의 나의 모습이 아니길 바란다. 꼼짝 않고 앉아 쓸모없는 물건처럼 먼지만 쓰고 있는 물건 같은 사람은 되지 말아야 한다. 소임을 다한 후엔 언제든 그 자리를 떠날 용기가 필요하다. 내게 그러한 용기가 없다면 자연의 순리대로 퇴행의 길을 따를 수밖에 없을 것이다.

자연을 닮은 나로 살고 싶다. 지금까지 자리했던 거실의 가구와 큰 가전제품들은 필요한 지인들을 찾아 나누어 주었다. 그것들은 그들에게 아마도 조금의 도움이 되었을 터이다. 그동안 내 인생에선 최고의 순간들에 찍었던 큰 사진들은 액자에서 모두 떼어내어 둥글게 말아두었다. 그동안의 사회활동들의 산물인 잡다한 상패들은 사진으로 찍어 저장해두고 전부 버렸다. 살림을 줄이듯 그들에 대한 애착을 반으로만 줄여 놓기로 하니 가진 게 적어질수록 마음은 가벼워진다. 그렇게 과거 속에 있는 무게들을 과감히 하나씩 버렸다.

10여 년 전 앞뜰의 아름다움에 빠져있던 나는 지금 가지고 있는 것을 하나둘 버리며 홀가분한 마음으로 뒤뜰의 소담한 아름다움에 나만의 작은 행복에 빠져 있다. 이곳의 뒤뜰은 이렇게 모든 것들이 가까이에 있어 몸으로 그 아름다움을 안다 보니 하루의 맑은 공기가 어느덧 나의 정신이 되어 버린다. 창으로 들어오는 신선한 들바람과 행복한 아이들의 웃음소리가 들리는 이곳을 사랑하게 될 것이다.

행복이란 작은 것에 있음을 새삼 터득하며 앞모습이 아름다웠던 과거 속에서 벗어나 지금부터는 내면을 볼 수 있는 뒷모습이 아름다운 모습으로 남은 생을 살고 싶다. 앞모습의 아름다움에 길들이려고 엄하게 누르고 혹사했지만 이제는 느려도 내가 원하는 일을 순리대로 소박하지만 욕심 없이 하며 살고 싶다. 혹독하리만치 채찍질만 했던 나에게 이제는 자연을 닮은 모습대로 편하게 해주고 싶다.

그리고 사람들의 기억 속에서 사라져 감에도 익숙해져야 하고 나이를 잊고 또다시 이곳저곳 기웃거리는 욕심이 일어나지 않도록 단속함도 잊지 말아야 할 것이다.

상대의 편에서 생각해 주는 시간도 더 많이 늘여야 하고, 역경엔 맞서지 말고, 순경엔 오만하지 않으며, 나 자신을 갉아먹는 오기는 더더욱 아니 될 것이다. 지금이라도 맘껏 웃을 수 있는 친구와의 시간을 늘리어야 하고, 뒷모습의 아름다움을 위해 더 이상 채우지 않고 비움에 익숙해져야 할 것이다. 모든 곳에서의 절제가 필요하고 욕심이란 단어가 붙는지 확인하고 돌아봐야 한다. 반성이란 단어를 가까이해야 한다. 정리란 단어를 새겨야 한다. 상실을 기꺼이 받아들여야 한다. 나서지 말고 말도 아껴야 한다. 어쩜 살아 숨 쉬고 있는 한 버리는 것도 노력으로 이어져야 하듯이, 이런 것들을 하나하나 새겨 나간다면 뒤뜰이 아름다운 소박한 집에 살 자격이 되지 않을까 한다. 죽음 쪽에 더 가까워진 지금 뒷모습의 아름다움을 생각게 하는 시간이다.

산책 1

가을의 새벽 산책은 풍요를 마음껏 누릴 수가 있어 좋다. 가을 들판에는 여름을 견뎌온 결실의 계절을 맞이하여 온통 황금색의 고개 숙인 벼들의 모습이 발길을 멈추게 한다. 황금 들판 속 농로를 걷는 나도 어느덧 황금 속 풍요로움 속에 들어가 있다. 황금 들판 속에 들면 내 것이 아니어도 맘껏 행복하기만 하면 된다. 고개 숙인 벼 이삭이 빳빳하게 깃 세운 잎 속에 묻혀 고개를 숙이고 있다. 맺힌 이슬이 아침햇살을 맞아 뺑그르르 돌아 줄기 속으로 떨어지는 걸 보는 행운도 새벽이어야 가능하다.

반짝이는 이슬방울과 아침햇살 먹은 가을바람이 콧속을 타고 뭉친 가슴속으로 들어오니 뻥 하니 뚫어주는 상쾌한 아침이다. 멀리 보이는 안개 품은 산들은 한 폭의 산수화인 듯 그곳에서 편안하게 앉아있다. 넓은 들판이 끝나는 농로에서 좌측으로 연결된 방천 둑길에 올라서니 확 트인 바람이라 더 싱그럽다. 아침 햇살을 받아 자전거길에 피어있는 코스모스는 목욕한 새색시같이 이슬을 달고 양옆에 늘어서 있다. 간간이 불어오는 아침 바람을 온몸으로 안고 흔들거리는 코스모스가 아름답다. 둑길 양편에 핀 코스모스의 사열을 받는 듯 걸어본다. 누구나 부지런만 하다면 아무도 지나지 않는 새벽길에 코스모스의 사열을 받을 수가 있다. 지위가 높지 않아도 마음이 동한 날 이곳에 오면 아름다운 코스모스의 사열을 받는 행운을 누릴 수가 있을 것이다.

아무도 없는 새벽길에 길게 늘어선 꽃들의 미소를 듬뿍 받아보라! 걸으면서 놓칠세라 양쪽에 핀 코스모스꽃 하나하나에 번갈아 눈맞춤해 보는 기분이 어떤지 한번 경험해보라. 오늘 이른 아침에 꽃길 걷는 내가 행복하다. 코스모스는 군집해 피어있는 모습이 더 아름답다. 하나의 개성이 모여 또 다른 아름다움을 연출해 내는 코스모스를 보며 이어지는 방천 둑길 걷기는 전혀 지루하지 않다. 파란 새벽하늘을 배경 삼은 코스모스가 더 아름다워 보인다.

몸을 바람에 맡겨도 넘어지지 않는 모습이 여리듯 강인한 엄마의 모습이다. 세월이 물처럼 흘러 한참이나 내려와 있다. 이제는 거슬러 올라가려는 마음이나 거슬러 가는 행동은 아니 된다. 젊어 한때 오기를 부리는 객기로 거슬러 오르며 몸도 마음도 많이 상하게 했었다. 세월이 흐를 만큼 흐른 곳에 서게 되었으니 이제부터는 순리대로 따라도 좋을 것이다.

며칠을 집안에만 있다 걷는 이 아침 안갯길이 나의 영혼을 깨워주는 듯 상쾌하다. 황금 들판 속 안개 짙은 산책길은 내가 살아 온 길을 문득 멈춰 돌아보게 한다. 황금 들판을 지나 방천 둑길에 올라서니 며칠 선까지 활짝 피어 환호하던 코스모스는 꽃잎이 다 떨어져 화려함의 흔적조차 없다.

이제 세대 이전을 위한 씨앗 만들기에 열심이지만, 까맣게 달고 있는 씨앗들은 1년 후면 또 다른 아름다움으로 다시 싹을 틔울 것이다. 1개의 코스모스가 품은 씨앗이 23~24개나 된다니 내년이면 더 많은 코스모스의 꽃을 볼 수 있게 되리라. 마침 논두렁 가에 심은 콩들이 벌써 누런 잎들을 떨쳐내니 땡땡이 박힌 콩알들은 금방이라도 터질 듯 알알이 박혀있다. 젖먹이는 아줌마 젖가슴만큼이나 탐스럽게 콩이 익어가는 늦은 가을날이다.

무리한 도전

새로 이사 온 곳은 앞뜰이 보이지 않는 자그마한 아파트이다. 앞 베란다에서 보이는 시멘트 숲 사이로 작은 샛길이 보이고, 그 사이로 가로수 몇 그루가 서 있을 뿐, 보이는 건 나가고 들어오는 차량과 틈틈이 지나는 사람이 보일 뿐, 약간은 답답하게 느껴지는 곳이다.

게다가 앞 동과의 건물의 간격이 가까워 창문도 마음대로 열 수 없어 불편하기만 하다. 그러나 뒤쪽 부엌의 작은 창에서 바라보는 풍경은 아파트 크기만큼 자그마한 들판과 작은 산이 둘러싸여 있어 심심하지 않다. 좌측 위로 개운저수지가 있기는 하지만, 아래로 이어진 개천에는 비가 많이 올 때만 흐르는 물을 볼 수 있게 비워져 있다. 개천은 늘 많은 종류의 풀들로 채워져 있다. 물이 넘쳐날 때를 대비해 언제나 물길을 내줄 준비를 한 채 비워버린 편안한 모습으로 쉬고 있다. 그것 또한 작은 것의 아름다움이라 여유가 있다. 측면에는 시가지 일부를 끼고 있고, 그 뒤로 천봉산이 자리하고 있어 부엌에서 일할 때마다 자연스레 눈에 들어와 여유를 갖게 한다.

아침마다 보이는 천봉산은 아담하지만 아침의 안개띠를 두르고 웃는 모습이 더 신비하다. 이곳에서 태어나 지금까지 살아왔지만 그곳을 한 번도 오르지 못했다. 어느 날 문득 죽기 전에는 그 산에 꼭 올라 보리라 맹세한 터라 아침에 일어나면 제일 먼저 뒤창으로 달려가 그 산을 보고 또 본다.

문득 오늘 천봉산과 만나고 싶다. 친구들과 모이면 살아생전에 저 산 한번 정복해 보자고 약속은 했지만, 그러나 지금 내 마음이 원하니 오늘은 나 혼자 먼저 그 산을 만나기로 하고 친구들과는 나중에 해도 된다며 서둘러 차를 몰아 산 밑 주차장에 단숨에 닿았다. 주차장 뒤로 이어진 계단 좌우에 피어있는 주황색 금당화와 안개꽃 닮은 들꽃이 손 흔들어 향기로 반긴다. 등산로는 완만한 경사를 가진 내리막과 오르막으로 이어지고, 여러 곳에 갈림길이 있어 지루하지가 않다. 정오에 피톤치드를 제일 많이 방출한다지 않는가? 이왕이면 그 시간에 맞추다 보니 가장 더울 때라 등산로엔 간간히 만나는 사람은 몇 사람뿐이다.

이 조용함이 온전하게 천봉산을 만난 듯해서 좋다. 뜨거운 여름의 한낮이라 양질의 피톤치드를 내려받은 듯 흐르는 땀이 축적된 몸의 독기들을 뱉어내는 듯한 이 상쾌함이 정말 좋다. 혼자이기에 좋고 온전한 나만의 시간이기에 더욱 좋다. 뜨거운 열기에 온몸의 세포 하나 하나가 다 열리는 듯하다. 온몸으로 숲의 기운을 안으며 천천히 걷는다. 가끔씩 멈춰 귓가를 스치는 샛바람 소리도 놓치지 않으려니 귀를 쫑긋거리는 것도 혼자 만이기에 가능하다. 온몸을 귀에다 집중하니 숲 바람 소리도 다 같은 소리가 아니다. 나뭇잎도 생김새와 크기가 다르듯 나뭇가지 굵기 또한 다르니 그 사이로 지나는 바람 소리 또한 각기 다르다. 기척도 없는 산속엔 나무 밑 풀잎이 내는 작은 바람 소리까지 다 들리는 듯하다. 이것은 자연 속에 들어가야만 들을 수 있는 작은 소리들이다.

하늘을 봤다. 늘어진 나뭇가지가 거미줄처럼 엉겨 있는 그곳에도 일정한 규칙이 있다. 가지 사이로 바람을 나누고 잎들 사이로 햇볕을 나누는 중이다. 하늘 속 햇볕과 바람을 다 갖지 않으려는 것이다. 크다는 건 바로 그런 작은 것들을 생각하는 배려심이 아닐까? 이렇게 큰 나무는 작은 나무가 자랄 수 있게 자리를 내주고, 그것도 모자란 듯 발등까지 내주고 넓은 등까지 내주는 건 홀로서지 못하는 담장이와 이끼에 대한 깊은 상생심이다. 산은 지루하지 않게 굴곡진 계단과 완만한 오르막과 내리막이 계속 이어진다. 얼굴에 흘러내리는 땀방울이 눈으로 들어가 안경 쓴 불편함은 있어도 몸은 오히려 땀으로 씻긴 듯 시원하기만 하다.

드디어 정상 막바지 갈림길까지 왔다. 한 길은 정상까지의 길이가 약 0.5㎞, 또 한 길은 정상까지가 0.7㎞ 남았다고 쓰여 있다. 언제나 그랬듯이 두 길 앞에서 한참을 망설였다. 아무래도 거리가 짧으니 빨리 정상에 오르지 않을까 하는 얕은 생각에 0.5㎞라 쓰인 오른쪽 길로 오르기로 했다. 길은 가팔라지고 숨은 턱까지 차올라 힘이 든다. 산을 오를 땐 앉아 쉬는 것보다 선채로 나무에 기대어 쉬면 오르는 리듬을 깨뜨리지 않아 올라가는 데 무리가 적다고 한다. 소나무 밑을 보니 한쪽 큰 가지가 잘리어 있다. 들고 있던 물병을 잘린 나무 위에 놓고 옆 가지에 기대어 하늘을 봤다. 나뭇가시 사이로 보이는 하늘의 모습이 아름답다. 높은 곳의 나뭇가지는 조화롭게 서로를 배려하듯 햇볕을 나누고 있다. 풀 바람 소리, 잎사귀 닿는 소리, 나뭇가지 사이의 바람 소리, 산새 소리 하나도 놓치지 않으려 귀를 모으니 마침 먼 산에서 산 뻐꾸기 울음소리가 굵게 화음을 보태 주는 한가한 낮이다.

다시 산을 오르기 시작했다. 작은 약수터를 지나니 하늘이 많이 보인다. 정상이 가깝다는 생각에 마실 물을 찾으니 없다. 그곳 정상의 모습이 어떤 모습인진 몰라도 평평하다는 이야기를 들은 터라 가져간 인삼물을 마시며 한참 동안을 정상에서 온전하게 즐기고 싶다는 욕심에 다시 뒤돌아 물병 얹어둔 곳으로 내려왔다. 약수터를 지나고 내가 망설였든 두 길까지를 내려와도 물병은 없다. 그새 누군가 필요에 의해 가져간 모양이다.

이왕 여기까지 돌아온 김에 이번엔 가보지 않은 0.7㎞를 올라야 한다는 왼쪽 길로 오르기로 했다.

오르다 보니 오른쪽 길보다 완만한 길로 이어진 곳이지만 다시 내려와 오른 탓인지 훨씬 더 지루하고 힘들기만 하다. 계단으로 이어지던 오른쪽 길만 못하다. 오른쪽 길은 얕은 계단이 있어 미끄러질 염려는 없었는데, 이 길은 완만한 경사 길이지만 닳은 작은 모래들이 미끄러워 자칫 한눈이라도 팔면 넘어지기가 쉽다. 나무와 나무 사이에 묶어놓은 밧줄이 있어 잡지 않고는 미끄러워 걸을 수가 없다. 온전한 한가로움을 즐기려다가 오히려 과함의 고통을 깨닫게 한다. 숨은 턱까지 차오르다 못해 한낮의 태양이 모자 쓴 뒷머리까지 열기로 채워 힘들다. 산을 오를 때 힘들면 나무에 기대어 쉬던 그 리듬마저 깨져 버렸다. 바위에 앉아 쉬고, 잘린 나무 사이에 앉아 쉬고 그리고 또 앉을 곳만 찾다 보니 오르는 리듬이 깨져버려 호흡은 가빠지고 몸은 땀으로 범벅이 되어 더욱 힘들다.

드디어 정상까지 5분 남았다는 지점까지 왔다. 그곳에는 마침 3개의 가지가 의자처럼 벌어진 나무 사이의 한 가지에 올라가서 몸을 기대고, 두 가지에다 두 다리를 올려 앉아 눈을 감고 숨을 고른다. 5분 후면 만나게 된 천봉산 정상이 어떤 모습일지 상상하고 기대하면서. 산속엔 지금 혼자 있다. 정상에 마주한 환희의 감격적인 순간을 더 많은 시간을 정상에서 함께하기 위하여 나무에 기대어 한참을 쉬었다. 드디어 정상에 올랐다. 그곳엔 경이로운 정경이 나를 환희로 몰아간다.

동쪽에서 내려다본 경관은 상주가 이렇게 아름다운 곳이었는지 칠십이 다 되도록 한 번도 못 봤다니 완만한 산이라 얕잡아 보고 물 한 병 달랑 들고 오른 그 산의 높이는 435.8m이지만 평소 갑장산(806m)을 자주 오르면서도 이렇게 힘들진 않았었다. 상산관 우측으로 새로 만든 계단으로 올랐으니 얼마나 긴 거리였는지는 나중에야 알았다. 자산을 넘고 넘어 또 넘어 동쪽 길에서 본 천봉산의 길이는 그렇게 긴 거리였다. 상산관 앞에서 차를 타고도 천봉산 앞이 보이는 곳까지 한참을 달려야만 그 산이 보이는 길을 지날 수 있기에 내가 선택한 길이 무척이나 힘들고 긴 길이었음은 우연이 아니라 생각된다.

아파트서 바라보던 천봉산은 완만하고 낮아 보였다. 그런데 막상 올라보니 고개 넘어 고개를 넘었던 것이니 얼마나 힘든지, 그것도 제일 더운 한여름의 정오에 더 많은 피톤치드를 맞겠다는 과한 욕심 때문에 하산 길까지 힘들게 했던 건 많은 걸 깨우쳐준 하루이다.

내려왔다 다시 오름은 몇 배의 힘과 노력이 필요할 거란 것을 힘들게 깨우쳐 주는 날이었다. 다 오른 정상을 눈앞에 두고 물병 하나의 욕심 때문에 뒤돌아 내려왔다가 다시 오른 고생길은 많은 걸 일깨워주는 하루였다. 어떤 것에 대한 미련으로 내려왔다 다시 오르는 건 처음보다 더 힘든 길로 갈 수 있다는 걸 깨쳐준 소중한 경험이었다. 산속서 만난 등산객이 두 개의 스틱을 집고 배낭을 멘 모습을 보고 낮은 산에 웬 저런 모습? 하며 속으로 비웃던 내가 부끄럽다.

아파트 뒤창으로 보이던 완만한 산. 몇 개의 산이 겹친 모습이 마치 감투처럼 보이던 산. 그 산을 얕잡아 보고 아무 준비도 없이 물병 하나 들고 마음이 가잔다고 아무런 준비도 없이 선뜻 오른 산이 이렇게 힘들 줄이야. 정상을 오를 땐 그곳이 어떤지를 모르니 만반의 준비를 한 후에 도전해야 하지 아무런 준비 없이 오르는 건 무리임을 힘들게 배운 하루이다. 그리고 버려야 할 땐 과감히 포기하고 버려야 하지 그걸 다시 잡겠다는 물병의 미련 때문에 된통 고생한 하루였다. 준비되지 않았으면 도전도 말라! 그곳이 아무리 많은 사람들이 오르길 갈망하는 곳이어도 준비되지 않았으면 오르지 말라! 아무런 준비도 없이 그곳에 오른다면 숨이 턱까지 아니, 그 열기가 등줄기를 타고 머리끝까지 오르는 것보다 더한 것도 견뎌야 할 터이니.

아무런 준비도 없이 그곳을 향해 할까 말까를 갈등했던 나 자신을 때려 깨치는 하루이다. 사회적 약자를 위하겠다는 단순한 생각으로 나 보다 더 바보 같은 사람들을 위한다며 잠시 눈길 주었던 그곳을 오늘의 무작정 한 산행이 문득 나를 깨치게 한다. 역시 예전의 나처럼 바보로 그냥 살아야겠다. 지금처럼 조금씩의 변화를 추구하는 데 만족하면서 바보로 사는 것이 좋을 듯하다. 내려온 자리에서 다시 오르려는 건 무리이다.

아버지

아버지는 내가 태어나기도 전에 이미 청포도를 심어 놓으셨다. 어릴 때 살던 집 앞 처마 위엔 청포도 넝쿨이 올라앉아 그늘도 지고 맛있는 포도도 먹을 수 있게 하였다. 처마 끝을 덮은 청포도 넝쿨은 아름다운 경관은 물론 대청마루에서 내다보는 바깥 경치를 편안하게 볼 수 있게 하고 햇볕도 자연스레 막아 주었다. 곡자조합에 다니시던 아버지 덕에 비교적 부유한 생활을 하던 때라 창고엔 늘 호두가 가마니로 쌓여 있었고, 호두를 꺼내러 창고에 들어가면 인기척에 놀란 커다란 능구렁이가 스르륵거리며 창고 담 너머로 넘어가는 걸 본 후론 창고에 다시는 들어가질 못했다.

어느 날 유치원에 다녀오니 사촌오빠가 놀러 와 있었다. 마루 끝에 걸터앉아 내게 포도 넝쿨을 가리킨다. 손끝을 따라가 보니 커다란 구렁이가 동그랗게 똬리를 틀고 있다. 그 밑을 지나다 구렁이 똥이 머리에 떨어지면 머리가 썩어 버린다는 말에 포도 넝쿨 밑을 건너지 못해 집 안으로 들어가지 못해 쩔쩔매던 그 집에서 청포도의 기억이 생생하다. 초등학교에 입학하자 새로 지은 큰 한옥이 있는 마당이 넓은 집으로 이사를 했다.

그곳에도 아버지는 청포도를 처마 끝에 가득히 연결되어 올라가게 두 곳에다 청포도를 옮겨 심으셨다. 청포도꽃이 떨어지면 앙증스럽게 맺히는 포도알은 날마다 통통하게 살쪄 갔고, 탱탱하니 포도알들이 서로 볼을 비빌 때쯤이면 포도가 익어가길 날마다 기다렸다. 어느 날부터 초록색의 포도알들이 다려 입은 하얀 모시옷 속 비치는 새 각시 속살처럼 씨앗이 햇볕에 투명하게 비칠 때면 우린 기다리던 포도 먹을 준비를 했었다. 바가지와 가위를 들고 받침대를 놓고 올라가 바가지 가득 따서 한 알씩 입에 넣고 혀를 굴려 씨를 발라가며 맛있게 먹었다. 포도알 터지는 소리도 좋지만, 입안에 가득 번지는 그 달콤함이 더 좋았다. 여름내 먹어도 질리지 않고, 한꺼번에 익지 않고 먹을 만큼씩 익혀주는 지혜로 추석 때까지 먹을 수 있게 익어주던 청포도 나무는 우리 가족 모두가 좋아하는 나무였다.

처마 끝에 아래로 널어져 달려 있는 청포도는 그 길이도 30㎝ 이상으로 상당히 큰 종으로 아래로 늘어진 모습은 장관이다. 우리 집 청포도는 당시 어느 집에도 볼 수 없는 아주 희귀한 품종이다. 한 주저리만 따도 큰 바가지에 가득 차던 이런 포도가 생각이 나서 아무리 찾아보아도 시장에는 옛날 먹던 청포도는 보이지 않는다. 길이도 다르지만 맛도 모양도 찾을 수가 없으니 추억 속의 포도라 더 그리워지는 듯하다.

아버지는 늦은 귀가 시엔 언제나 찹쌀떡을 사 오셨다. 밤늦도록 내려오는 눈꺼풀을 부비면서도 자지 않고 아버지 오실 때까지 기다렸다 봉지에 든 찹쌀떡을 먹고서야 겨우 잠을 자곤 했었다. 여름이면 내 손을 잡으시고 뒷 내(북천) 위에 가로질러 있는 기찻길을 아버지와 발맞추며 함께 하나둘 셋 하며 발맞춰 건너던 일. 어린 맘에 철교 사이사이로 내려다보이는 힘찬 물살에 실수해 빠지기나 하면 어쩌나, 혹시나 기차가 오지 않을까 하는 마음에 가슴이 콩닥거렸지만, 아버지의 큰손이 내 손을 꽉 잡아 철길을 다 건널 때까지도 놓질 않아 무섭지 않았다.

여름이면 어머니를 위해 뒷 내 모래사장에서 모래찜질도 해주시고 그곳에 큰솥을 걸어 불을 때어 만들어 먹던 찹쌀 수제비가 들어간 미역국의 맛은 잊을 수 없는 어릴 적 아버지의 자상한 모습으로 생생하다. 옛날엔 사전이 없었던 터라 모르시는 한자가 있으시면 내게 심부름을 보내셨다. 메모에 적힌 글을 들고 참봉 어르신께 심부름 가던 기억은 환갑이 지난 내게 만학을 이룰 수 있는 소중한 가르침이 되었다. 내게 그런 것들이 모여 궁금한 걸 풀려고 하는 적극성이 생기지 않았나 싶기도 하다.

아버지의 사랑을 확인할 수 있는 사건은 6·25 사변으로 피난 갈 때이다. 그땐 더운 여름이라 부채를 들고 가라 하셨다. 그것도 무겁다고 안 들고 가려 하자 아버지는 배낭 위에 나를 올려 앉혀 메고 가시든 기억과 페니실린이 귀하던 그때 아버지는 내 넓적다리에 난 종기를 입으로 빨아낸 후, 열이 심해 혼수상태가 된 나를 업고 밤길을 내달리시던 넓디넓은 아버지의 등은 잊을 수가 없다. 겨울밤 바람을 가르며 달리시던 아버지의 다급함이 다정한 아버지의 모습으로 기억 속에 남아있고, 그때 생긴 움푹 들어간 다리의 흉터를 볼 때마다 나를 업고 달리시던 그날의 아버지가 자꾸만 그리워진다.

내게 아버지는 늘 자상한 아버지의 모습이셨다. 저녁이면 무릎에 앉혀두곤 옛날이야기를 끝없이 풀어내셨고, 저녁이면 아버지께 새로운 이야기를 청하기 위해 밤이 기다려지곤 했다. 아버지의 이야기는 항상 다른 내용으로 끝없는 상상의 나래를 마음껏 펼 수 있게 하는 재미있는 시간이었다. 때론 무서운 호러(Horror)물을 이야기하실 땐 무서워 밤엔 화장실을 못 갈 때도 많았지만, 무서운 이야기를 들을 땐 긴장감에 초롱초롱한 눈빛으로 귀를 쫑긋 세워 들었다. 어쩜 지금 글을 쓰게 된 것도 그때 아버지의 창작된 이야기를 듣던 어린 시절 때문이 아닌가 한다.

아버지는 내게 노동의 기쁨을 알게 하셨다. 초등학생인 내게 목욕물 데우기를 시키셨고, 그리고 목욕탕에 제일 먼저 아버지와 난 탕 속에 함께 들어가 목욕을 즐기기도 했다. 목욕하는 날은 물 퍼 나르기와 불 지피기는 언제나 나 혼자의 몫이었다. 불을 지피고 물을 데우면 제일 먼저 아버지와 내가 목욕한 뒤에 가족들이 차례로 목욕을 했다. 초등학교에 다닐 때부터 아버지는 내겐 용돈을 노동의 대가로 주셨다. 방과 후 집에서 키우는 닭들의 건강을 위해 개구리를 잡아 신발주머니 가득 채워 와야만 용돈을 주시곤 하셨다. 나는 그게 당연한 걸로 생각해 하교 후 집에 오면 책보자기를 던져두고 헝겊으로 만든 신주머니와 넓적한 나무막대 하나 들고서 넓은 앞들로 혼자 나섰다. 그때만 해도 자연이 손상되지 않은 때라 풀이 우거진 논둑을 다니다 보면 커다란 능구렁이가 똬리를 틀고 있는 모습을 만나기는 다반사였다. 그놈들도 그 자리에서 자연의 모습으로 편히 쉬고 있기에 그냥 못 본 체 구렁이를 뛰어넘기만 하면 그만이었다. 그때는 혼자 들판을 뛰어다녀도 하나도 무섭지 않았다. 오후 내내 들판을 다니며 잡은 개구리는 언제나 닭장에서 나를 기다리는 닭들의 보양식이 되었다. 노력의 대가는 언제나 닭장 속 닭들이 개구리로 맛있게 식사가 끝난 후에 용돈이 지급되곤 했었다. 그것은 개구리가 동면하기 전까지 내가 유일하게 용돈을 구할 수 있는 방법이었다.

그 용돈이 나의 작은 사업의 밑천이 되었다. 동네 가내공장에서 만드는 삼각형 비닐 속에 들어 있는 오렌지주스를 도매가로 사 와 우리집 툇마루에 가지런히 진열해 두고, 동네 아이들에게 약간의 이윤을 남기고 팔기도 했으니 참으로 엉뚱한 아이였나 싶다. 팔아 남긴 돈으로 어머니의 생신 선물로 저고리 한 감을 사준 것으로 기억된다. 어쩜 내가 지금 힘든 세상을 혼자서도 잘 견뎌낸 건 아버지 교육과 어머니의 무관심 덕이 아니었나 생각된다. 아버지는 아들이 아니어도 셋째 딸인 나를 지극히도 아꼈나 보다. 이름에서도 남자들에게나 쓰던 용용 자를 쓰셨으니 말이다.

달 밝은 밤이면 온 동네 아이들과 함께 술래잡기와 고무줄놀이로 시간 가는 줄 모르게 늦도록 놀게 두었고, 내 또래와 나 보다 어린아이들을 모아 연극과 무용을 가르쳐 집안 마루에 군용 담요로 막을 치고 하는 셀프 공연도 말리지 않으셨다.(그 당시에는 가끔씩 찾아오는 마당놀이 공연이 문화 혜택의 전부였다.)

색종이를 썰어 꽃바구니에 담을 꽃가루로 만들고, 담배 속 은박지로 왕관을 만들어 씌워 공연을 하는 날 마당엔 환하게 외등을 밝히고, 대문을 활짝 열어 놓으면 동네 사람들과 지나던 행인들이 들어와 구경들을 하곤 했으니 참으로 엉뚱한 아이였던 것 같다. 지금 생각하면 기획과 연출을 한 것이니 놀랄 일을 한 것이다. 초등학교 학생이 그런 생각을 하며 그런 창의적 놀이를 하면서 놀았던 것은 다 아버지의 영향이라 생각이 된다.

아버지가 돌아가신 뒤 한참이나 지난 뒤에야 안 사실이지만 내 바로 위의 잘생긴 언니는 나 몰래 노력 없이도 용돈을 가만가만 받았다고 한다. 그러나 언니는 아버지와 손잡고 철길을 걸어본 적도 없었고 아버지와 함께 낚시를 한 추억은 없다. 그러나 나는 일요일이면 아버지의 자전거 뒤에 타고 개운저수지로 낚시 동행자가 되어 함께 했으니 이제 생각하니 내가 아버지의 사랑을 제일 많이 받고 자랐지 않았나 싶다.

가끔 개운못을 지날 때면 아버지와 함께하던 낚시터를 보면 아버지가 그리워진다. 나는 언니보다 못한 외모를 갖고 있어도 아버지의 깊은 사랑 덕에 지금의 내 힘든 삶을 잘 견뎌낼 수 있지 않나 생각이 된다. 아마도 지금의 강건함 또한 그때의 아버지의 교육 탓이지 않나 생각된다. 이런 나로 키워주신 아버지께 환갑이 지난 지금에야 그 고마움과 속마음을 깨치게 되다니. 어린 시절 아버지가 나를 강인하게 키우지 않으셨다면, 내가 남편을 잃고 가장 힘들었던 그때 깊은 수렁에 떨어진 채로 올라오지 못하고, 허우적거리다 바닥에 내려앉아 아이들과 불행한 삶을 살아가고 있었을 터였다. 오늘은 아버지가 무척 그리워지는 날이다.

친구 옥희

무슨 말을 하면 그냥 미소만 짓던 긴 머리가 아름다운 친구가 있다. 쉰을 한참이나 넘긴 나이에도 그녀는 언제나 소녀였다. 그런데 얼마 전 백혈병 4기라는 선고를 받고도 정작 본인만 모르고 있던 친구. 항암제를 맞으며 그 긴 머리가 한 움큼씩 뽑혀 나가는 걸 보면서 괴로워 말조차 잃어가던 친구. 어떤 위로의 말도 찾을 수가 없어 친구를 곁에서 보기만 해야 하는 친구들.

혼자 사는 삶이 얼마나 외로웠으면 방 안에서 함께 생활하던 눈이 크고 덩치가 제법 큰 흰 강아지도 이제는 밖으로 쫓기어 나가야 한다. 왜 쫓겨 나가야 하는지도 모르는 강아지는 현관문 앞에 서서 낑낑거리며 방 안으로 들어가려고 소릴 지른다.

그녀의 면역 수치는 유아 수준 이하로 떨어져 방 안에서도 마스크를 쓰고 있어야만 한다. 어쩌면 친구는 1년 밖에는 못 살지도 모른다. 바라보는 친구들은 너무 가슴 아파 바라볼 수가 없다. 친구는 남들 다해보는 결혼도 못 해보고, 남들 다해보는 자식도 못 낳아보고, 혼자 외롭게 살다가 그렇게 생을 마감하게 될 것이다. 삶의 기한이 1년

뿐이라니 너무 가혹한듯하여 원망스럽기만 하다.

어느 날 빠지던 머리가 다시 난다며 좋아하던 친구. 이건 병이 다 나아지는 징조라며 집에 돌아오면 모자도 벗고, 새 옷도 사 입으며 추억거릴 만들기 위해 친구들과 열심히 다니겠다던 미소가 아름다운 소녀 같던 친구는 집에 돌아온 후에 얼마를 버티지 못하고, 다시 한쪽 팔다리가 마비되는 증상으로 또다시 대구에 있는 경대병원으로 갔다.

재입원을 하고서야 자기가 암이란 걸 안 친구. 우리가 찾아갔을 때는 다시 빠져 버린 머리를 숨기려 모자를 쓴 초췌한 모습으로 소녀같이 웃던 미소도 잃어버린 듯 우리를 보고 마냥 울기만 하던 친구. 그녀에게 지금부터라도 자기가 못한 일들을 할 수 있게 시간을 조금이라도 더 주었으면 좋겠다. 가톨릭 신자인 친구에게 신의 가호로서 기적이라도 생겼으면 좋겠다. 그녀가 못다 한 일 해보고 갈 수 있게 시간을 조금만 더 주었으면 좋겠다.

우리의 작은 소망을 들어주지 않고, 한 달 뒤에 친구는 한 줌 재가 되어 산야에 뿌려졌다. 이제 친구는 언제 찾아올지도 모를 친구들을 휑한 들판에서 작은 풀꽃 되어 우리를 하염없이 기다리고 있을지 모른다.

면역력

풍요로운 가을 들판이 마음을 넉넉하게 해주는 계절이다. 이때쯤이면 누구나 한 번씩은 집을 떠나고 싶어진다. 화려한 단풍이 유혹하는 계절이 가을이기 때문이다. 세상을 살아가는 사람들은 참으로 다양하다. 박식한 사람, 힘이 있는 사람, 착한 사람, 악한 사람, 진실된 사람, 야비한 사람, 속이는 자와 속임을 당하는 사람들 등등. 그 속에서 자신을 지키는 법은 최소한 자신에게만은 진실해야 된다는 것이다.

무심코 내뱉는 거짓된 언어가 상대는 속일 수 있다 해도, 자신의 깊은 곳에 자리하고 있는 양심이란 자는 속일 수가 없기 때문이다. 양심이란 자는 외골수다. 양심이란 것은 거짓을 용서하질 않기 때문이다. 거짓된 언어와 행동은 양심이란 자기 자신을 무겁게 누르며 괴롭히게 되는데, 그것은 작게는 하루, 한 달, 일 년. 더 길면 수년을 그 정도에 따라서 평생을 자신의 깊은 곳에 숨어있는 양심이란 자가 바위처럼 무겁게 짓누르며 자신을 괴롭히게 됨을 한 번쯤은 작거나 혹은 크게 경험하게 되는 것이다.

그렇다고 진실된 삶을 사는 사람이 다 편안하냐 하면 그렇지는 않다는 거다. 진실이란 보석과 같아서 숨어있길 좋아한다지 않는가. 진실은 우직해 쉽게 드러나려 하지 않는다. 아무리 숨기려 해도 인고의 세월이 흘러야 스스로 모습을 드러내는 보석 같은 것이기에 그러하나 보다. 숨어있다 드러난 진실 된 삶은 감동으로 모두에게 다가온다.

그러나 진실이 드러나기까지는 긴 시간을 고통으로 감내해야 한다. "이 세상에서 가장 좋은 교육자는 나 자신이고, 또 하나가 있다면 그건 거울이다."고 한 잭 니클라우스의 말이 참으로 가슴에 와닿는 말이다. 매일 마주하는 거울 속의 나는 숨어 있는 또 다른 나를 비춰주니 거울 속의 내 모습엔 내 마음이 들어 있다. 내가 보는 거울 속 내 모습은 속일 수가 없다. 비추이는 대로 보여주기 때문이다. 그릇된 삶을 사는 사람이라면 거울 보기가 고통스럽지 않을까?

아이들은 성장하려면 성장판이 열리는 고통을 감내해야만 성장할 수가 있다. 어른도 마찬가지로 모든 노력하는 일에는 꼭 시련이란 놈이 따라붙는다. 혹자는 시련을 홍역에 비유하기도 한다. 얼마나 고통이 심하기에 홍역에다 비유하랴. 시련도 극복한 후에는 훌륭한 면역력이 되어 다음 시련이 왔을 때는 훌륭하게 맞설 수 있는 면역력으로 차곡차곡 저장되어 내면을 강인하게 만드는 신의 공평성이 실로 놀랍다.

도전과 실패한 횟수가 많은 사람일수록 그 어떤 힘으로도 그 사람을 한 번에 무너뜨릴 수는 없는 것처럼, 이건 바로 경험이 바탕이 되어 힘이 되는 자연의 순리이다. 넘어지고 일어서는 것을 반복하면서 생긴 면역력이 단계별 강인함으로 다시 축적되니 그것이 강한 면역력이 되는 것이다. 그 후엔 그 어떤 시련이나 도전에서도 넘어지더라도 면역력이 있기에 저항력으로 힘을 발휘하게 되어, 그 어떤 일에도 다시 일어설 수 있게 되는 것이다. 도전하고 실패하고 인내하다 보면 고통이 면역력이 되어 굳건한 자신을 만들어줄 것이다.

고향을 낯설게 한다

따뜻한 고향을 그리건만 그 속에도 시기와 암투가 있다. 칠순 넘은 친구들이 용서를 밀쳐둔 채 싸우고 욕한다. 웃는 얼굴 보고 싶어 만나니 불편하기만 하다. 끊었던 인연을 다시 이어 보자던 나의 생각이 잘못된 것이었을까. 오래간만의 만남이 정신연령은 10대의 그 세월 속에 그대로 머물러 있는 듯하다. 양보는 없고 제 고집만 세우는 모습이 딱 철없던 10대의 그 모습이다. 세월이 흘러 강산이 일곱 번이나 바뀌었건만, 모진 풍파를 견뎌낸 주름도 나이만큼이나 늘어났건만, 아집 속에 자기주장만 하는 모습들이 낯설기만 하다.

어떤 만남이든 가끔씩 보아야지 너무 자주 보면 난로처럼 덴다는 말이 생각난다. 잦은 만남으로 인한 친근감이 자칫 무례로 이어진다면 서로 얼굴만 붉힐 일이 생기게 되어 상처를 줄 수밖에 없다. 나이는 들었는데 과거에 머물러 한 발을 물러설 줄 모르니 제 주장만 하려 하는 것이다. 나이 들면 가지게 되는 고집스러움이 좌중을 휘젓는 언어로 이어지니 그 무례함에 함께한 사람들을 지치게 한다.

그러나 정작 본인은 그것이 남에게 피해를 입히는 줄도 모르고 있는 듯 자기의 주장만 고집하려 한다. 싸우며 건네는 언어의 폭력을 직접적인 관계가 없는 사람이 듣고 견뎌야 하는 건 함께한 사람을 간접적으로 괴롭히는 것이다. 누구의 조언도 들으려 하지 않는 이런 모습이 딱 10대의 철없는 모습들이다. 자신이 이미 답을 정해 놓고 맞는다고 우기니 그 누구인들 막을 수는 없다.

강산이 일곱 번 변한 세월이라면 이제는 그만 놓을 줄을 알아야 한다. 아침의 일출도 아름답지만, 석양 또한 아름다울 수 있음은 그저 되는 게 아니다. 곧잘 바보 소릴 듣는 나도 젊은이들 속에서 유령 취급을 받을 때면 그들의 미성숙을 이해하려 한다. 미래에 그들이 닿을 곳을 이미 알고 있기에 권력에 자석처럼 끌려다니는 그들을 미워할 순 없다. 나이를 먹게 되면 보이지 않게 숨긴 작은 속임들은 덮어줄 줄 아는 아량이 필요하다. 알고 속고 모르고 속는다는 건 큰 것을 놓치는 잘못을 저지르지 않기 위해서다.

더러움 속에 물들지 않기는 참으로 힘들지만, 살아온 세월의 올곧음이 더러움 속에서도 깨끗할 수 있는 사람이라면 어떤 곳에서나 당당해질 수 있을 것이다. 그러나 더러움 속에선 같이 더러워져야 세상 살기는 편할지 모른다. 같은 색깔 속에 들어가 있으니 동색이라 튀지 않으니 한세상 살아가기는 편할지도 모른다. 그렇다고 모든 사람들이 동색만을 위해 안일하게 살아간다면, 자칫 진정한 삶의 의미를 못 찾게 될지도 모른다. 동색이어도, 동색이 아니어도 어차피 삶은 즐거움과 괴로움의 연속일 테지만, 지금 가장 편해야 할 추억 속의 만남이 고향을 낯설게 한다. 바보 같은 소릴 들어주며 웃을 수 있는 그런 만남을 기대했었는데 오늘의 만남이 여니 사회 속 흐려진 흔한 모습을 본 듯하여 고향을 낯설게 한다.

세상은 아직도

총재들이 초청된 장소에는 검은색 고급승용차들의 행렬이 이어진다. 과거 부의 과시로 여겨졌던 차종이 지금도 그 사람의 인격과 자질보다는 가장 쉬운 부의 측정으로 삼기가 일수이다.

그런 이유에서인지는 몰라도 나의 차는 행사가 열리는 호텔 앞 주차장에서 언제나 냉대를 받기 일쑤다. 사람들의 선입견 때문에 입구에서 냉대를 받아야만 한다. 총재라면 적어도 세단 정도는 타야 품위가 선다? 그렇다고 내가 타고 다니는 차종으로 주눅들 나도 아닌데 세상 속의 의식들은 아직도 한참이나 과거 속에 머물러 있다.

내가 RV차를 탄다고 해서 업무에 지장이 있는 건 아니다. 지금은 세계라는 말 보담, 지구촌이란 말이 더 익숙한 세상에 살고 있다. 세상은 새로운 의식의 변화는 물론 정보의 홍수로 시간차 초 단위로 변화고 있는 세상에 살고 있는 시대이다. 얻으려고 노력하지 않는다면 그 많은 정보를 놓쳐버린 사실도 모르고, 그 많은 정보들이 있는지조차도 모르고 살아가게 된다는 것이다. 모든 걸 놓아 버릴 줄 아는 총재라는 자리에 그것도 국제적인 봉사단체의 최고의 자리인 총재의 임무에 왜 고급 승용차가 필수가 돼야 하는지는 의아할 뿐이다. 자기의 능력에 따라 좋은 차도 그보다 못한 차도 탈 수 있지 않은가?

나는 오늘도 RV차를 타고 행사장으로 향한다. 23개 시군에 있는 라이온스클럽과 다른 도 단위의 복합지구 행사장으로 바쁘게 달린다. 내가 결정한 일이기에 남의 시선 쪽엔 마음을 두지 않기로 했다. 불편하지도 않은데 부끄러워할 일은 더더욱 아니다. 이런 작은 시작들이 건전한 의식으로 내가 살고 있는 가정에서 이웃으로, 그리고 사회 전체로 점점이 번져가길 바랄 뿐이다. 그리고 고급 승용차를 타지 않은 사람도 총재를 할 수 있음을 깨쳐주는 것이다.

처음에 열린 모 지구의 연차대회 행사장이 열리는 실내체육관 주차장 입구에서 안내를 하던 봉사자가 차량 진입 거부로 실내체육관 외곽을 한 바퀴나 돌고서야, 연락받고 급히 뛰어나온 사무국장의 안내로 행사장에 들어가긴 했었는데, 그날 행사에 참석한 총재들의 이슈는 당연히 경북지구 총재가 차종 때문에 입구에서 쫓겨났다는 것으로 한참을 술렁이었다.

그 상황에 주눅들 나도 아니니 당당히 그들의 의식을 바꿔볼 양으로 배짱을 보인 적도 있었지만, 그렇게 처음부터 나는 그렇게 심한 입바람을 일으키며 총재의 임무를 시작하게 되었다.

그 소문은 전국 총재들의 귀로 자연스레 흘러 들어갔다. 그래서 나는 RV차를 타고 다니는 총재로 입소문이 나 버렸고, 지구를 위한 봉사는 엉뚱하게도 그렇게 시끄럽게 시작이 되었다.

그리고 임기를 다 채워가던 이듬해 5월 말 355복합지구(내가 총재

직을 수행하던 15년 전에는 한국의 라이온스는 2개의 복합지구가 있었으며, 354복합지구는 서울을 중심으로 강원도와 경기도, 제주도 등 8개 지구가, 355복합지구는 그 이외의 광역시와 도 단위 12개 지구로 총 20개의 지구가 있었다. — 지금은 3개 복합지구로 21개의 지구로 성장했다.) 중 단위지구 행사로선 맨 마지막 행사가 되던 남쪽의 모 지구 연차대회 행사의 오찬장에 도착하니 안내하던 그곳 라이온들이 선뜻 알아보고 반가이 뛰어나오며, 비워둔 자리에 주차할 수 있게 하는 친절한 배려와 경찰차의 에스코트를 받으며, 오찬장에서 실내체육관으로 달리던 총재들의 검은 세단들 속에 나는 여느 때와 마찬가지로 RV차를 타고 당당히 달렸고, 행사장 실내체육관 주차장에서도 이제는 더 이상 냉대받는 RV차가 아님을 라이온들의 배려로 느낄 수가 있었다. 이 지역의 의식이 앞선 것도 있겠지만, 그동안의 나의 작은 행동이 어쩜 건전한 의식변화에 한몫을 하지 않았나 하는 생각이 들어 자긍심을 갖게 되던 그날만큼은 총재로서의 뿌듯한 행복감을 느낄 수가 있었다. 이렇게 작은 것들이 세상을 조금씩 바꾸어 나가는 것이다.

기부온도탑

공동체 사회에 살아가는 한 뗄레야 뗄 수 없는 것이 "기부"이다. 남을 돕지 못할 만큼 가난한 사람은 이 세상엔 없다는 말이 있듯이 기부는 살아가는 한 우리네 삶과 밀접한 관계가 있다. 기부에는 금전적, 육체적, 재능적인 것 등등 수도 없이 많고도 많다. 즉 기부라는 게 생각만큼 그리 어렵지는 않다는 것이다. 기부는 내가 여유가 있을 때, 시간이 날 때 하지 뭐. 그러나 나중은 나중일 뿐, 다음이란 기약할 수 없는 시간일 뿐이다. 진작에 나눔을 실행했어야 했는데 나이 들어 너무 늦었다고 말하는 사람들이 있다. 그러나 늦었다고 생각하는 그 순간이 마음이 동하는 순간이니 절대 늦은 건 아닌 것이다. 기부는 수혜자보다 기부자가 더 행복감을 많이 느낀다고 한다.

지금 기부를 하려고 마음을 먹었다면 시작하라. 그리고 나만의 기부온도탑을 세워보면 어떨까? 기부온도탑을 내 마음속 깊은 곳에 숨겨 놓아도 좋고, 좀 더 구체적으로 기록해가며 더하는 기쁨을 즐기는 방법도 있을 것이다. 1도의 기준을 얼미로 힐 건지는 정해진 규칙이 없으니 그냥 자신에게 맞게 잣대를 정해주면 될 것이다. 기부온도의 기준을 봉사한 시간으로 정할 수도 있고, 아니면 기부한 금액으로 정할 수도 있으며, 아니면 두 가지를 다 포함해도 된다. 그것의 크기는 그 누구도 아닌 바로 내가 정하면 되는 것이기에 부담이 없어 좋을 것이다. 이 기부온도탑이 누구에게 보여주기 위한 것이 아니고 자기의 마음속 깊은 곳에 세워둔 탑이기에 신경 쓸 필요 없이 편하게 형편대로 조금씩 하면 되는 것이다.

그러나 이 작은 것들이 모여서 선한 DNA가 되어 자식에겐 물론 손주 대대로 이전됨은 참으로 신기할 뿐이다. 자기 자신을 행복하게 하고 사회를 풍요롭고 행복하게 하는 버팀목이 된다는 것은 참으로 대단한 힘을 가진 놈이다. 기부란 놈이……. 일단 기부를 해 보겠다고 마음먹게 되면 작은 것으로 가상의 기부온도탑을 마음속에 세워보면 어떨까? 이 탑의 기초가 세워지면 온도는 자연히 올라가게 되어 있다. 그 탑의 온도가 올라가면서 내 몸은 알아서 엔도르핀과 심리적 안정감을 주는 세로토닌, 내가 나 자신 속 내 영혼과 마주할 때 생긴다는 다이돌핀의 활동이 왕성하게 되어, 몸은 즐거움을 느끼게 되고 기부가 남을 돕는 일만이 아닌 나 자신을 더 행복하게 하는 것임을 알게 한다.

이렇듯 기부는 내 몸이 먼저 알게 되는 것이다. 기부활동을 하니 기분이 좋아지고 다수가 참여하는 기부활동에 들어가면 피곤과 아픈 것도 잊어버리게 됨은 이와 같은 과학적 근거에서이다. 지금부터라도 늦지 않았으니 내 마음속에다 기부온도탑을 세워보자. 채움보다 비움이 더 가치 있음을 안다면 내속의 기부온도탑에서 내 삶의 가치를 느껴보라. 우리 모두 나만의 기부온도탑을 세워보자. 과유불급 많은 건 모자람만 못하다지만, 나눔만큼은 쌓이면 쌓일수록 좋은 것이다. 과함이 좋은 것이 바로 기부가 아닌가 한다.

마음이 맑은 사람이고 싶다

마음이 맑아지려면 몸뿐 아니라 마음까지도 아래로 내려 앉혀야 한다. 물이 고이듯 어느 한 곳에 정체해 고여 있을 때는 온갖 잡것들이 날아와 앉아 보기에도 지저분하며 고인물처럼 시간이 지나면서 썩게 될 터이니 냄새 또한 역하게 날 것이다. 악취는 본인뿐만 아니라 주위의 모두를 괴롭히게 한다.

맑음. 참 좋은 말이다. 마음이 맑다, 공기가 맑다, 물이 맑다, 하늘이 맑다, 맑음이란 단어는 듣는 것만으로도 기분 좋아지는 말이다. 맑음을 가지려면 아침에 눈을 떴을 때 마음에 뭉쳐둔 응어리가 없어야 한다. 그래야 맑음과 함께할 수 있다.

오늘은 분명 어제와 다른 날인데 마음은 어제에 머물러 있어서는 아니 된다. 오늘의 마음은 오늘에 와 있어야 한다. 이는 쉬운 말 같지만 이게 마음대로 잘 되진 않는다. 해결치 못한 어제의 일을 끌어와 날이 세도록 안고 끙끙대다 보면 새날은 새날인데 새날로 받아들일 수 없는 무거운 이 마음이 문제가 되는 것이다.

골치 아픈 것이 있다면 밤까지만 안고, 새날로 건너올 때는 힘든 무게만큼은 어제의 날에다 두고 나오자. 오늘은 오늘의 일들이 기다리고 있으니. 잘못된 일들을 다 잡아 마음속 찌꺼기로 쌓아 두지 말고 훌훌 털어내는 습관을 들여야 한다. 다 잡다 보면 그 무게를 견뎌내질 못한다. 그러니 덜어내야 한다. 그것이 비록 한 번에는 될 수 있는 일이 아니어도 조금씩이라도 덜어내다 보면 언젠가는 가벼워질 수 있을 것이다. 맑은 사람이 되는 건 어렵지만 이건 다른 사람이 만들어줄 수 있는 것이 아니다. 마음을 맑게 만드는 건 남이 아닌 바로 내가 만들어 가는 것이다. 마음이 맑은 사람이고 싶다.

봉사하는 유전자

사람들이 얼마나 안 웃으면 억지로 웃게 하는 웃음프로그램을 만들었을까? 그렇게 거짓으로 웃는다 해도 뇌는 그걸 감지하질 못한다고 하니 신기하다. 사람이 기뻐서 웃는지, 억지로 웃는지를 똑똑한 뇌가 감지를 못하니, 억지로 소리 내어 웃는 웃음에도 엔도르핀을 만들어 준다고 하니 신기하기만 하다. 허지만 몸이 느낄 수 있는 몸과 함께하는 웃음을 웃는다면 뇌에서 내보내는 엔도르핀은 과학적 근거를 떠나 아마도 더 양질의 더 많은 엔도르핀을 만들어 낼 수 있지 않을까라는 생각이 든다.

그중에 하나가 봉사하며 웃는 웃음이 아닐까 생각된다. 봉사 현장에서 희망을 주고 행복을 나누다 보면, 그곳에서의 시간들은 모든 걸 놓아버린 기도의 순간이 되기에 더 효과가 있지 않을까 생각된다. 그곳에선 억지로 웃지 않아도 절로 미소를 짓게 하는 곳이다. 이는 몸이 먼저 행복감을 느끼기에 나오게 되는 미소이기에 얼마나 아름다운지 모른다.

봉사를 하는 사람들의 표정을 한번 보라! 얼마나 편안하고 행복한 표정인가를……. 그곳엔 함께 있기만 해도 절로 감염되는 행복 바이러스를 무료로 받을 수가 있으니 얼마나 좋은가? 이건 오직 봉사 현장에서 얻을 수 있는 매우 소중하고 특이하지만 그게 바로 "행복 바이러스"인 것이다. 봉사를 하다 보면 몸에 영양분이 쌓이듯 엔도르핀이 쌓이고, 고된 삶에 찌들어가는 정신을 조금씩 정화시켜주어 몸을 맑게 만들어 준다. 내 몸속에 맑음이 점점 넓게 차지하게 되니 생각 또한 점점 맑아질 수밖에 없는 것이다.

신기하게도 맑음은 몸과 정신에 쌓여서 자녀에겐 귀감이 되어 그 맑음을 닮고 싶어 하고, 또한 닮아지는 하나의 맑은 유전자가 되어 자손 대대로 이어지는 것도 신기하기만 하다. 맑은 유전자의 대물림이 많아질수록 맑은 가정, 맑은 사회를 만드는 밑바탕이 되니 사회도 건강해지게 되는 것이다.

시간을 내어 봉사 현장으로 나가보자. 나누는 충만함이 주는 그곳에서는 행복감을 맘껏 나눠도 될 것이다. 그리고 우리 모두 후손에게 봉사하는 유전자를 물려주자. 틈새 시간에도 좋고 아예 하루를 내어도 좋다. 몸만 가지 말고 마음도 함께 간다면 더욱 좋을 것이다. 우리 모두 맑은 유전자를 대물림하기 위해서라도 지금 당장 봉사의 현장으로 들어가 보라.

추석맞이 대청소

내가 회장으로 있는 사랑의 봉사대(지금은 여성회로 바뀌었다.)에서는 해마다 추석 전에 시민 모두가 잠든 새벽에 기차역에 모인다. 고향을 찾는 이들에게 첫 관문인 기차역과 버스터미널을 청소하는 건 첫인상이 깨끗한 고향을 보여주기 위함으로 이를 해온 지 벌써 수년째이다. 모두 깜깜한 새벽 5시에 봉사할 장소에 모일 것을 약속한다.

아침에 일어나니 4시 30분이다. 조금 이른 것 같아 아픈 허리의 통증을 핑계 삼아 조금만 더 누워있자며 침대의 온도를 높였던 것이 그만 깜박 잠이 들게 한 것이다. 울리는 전화벨 소리에 놀라 깨니 5시 30분 재무의 전화다. 언제나 솔선해서 봉사를 앞장서서 하는 그녀가 기찻길 청소를 끝내고 버스터미널로 이동할 거라는 알림의 전화다. 깜짝 놀라 세수도 하지 않고 모자를 눌러쓰고 불편한 허리로 차에 올라 급히 달려가니 모두 자전거를 타고 버스터미널로 속속 도착하고 있다. 허리도 불편한데 급하게 서둔 탓인지 머리까지 띵 해진 듯하다.

예전엔 실수를 용납 않던 나였지만, 모르는 사이 나도 이렇게 실수를 하고 있다. 자연스럽게 사과의 말을 할 수 있는 것 또한 자연을 닮아가는 모습이다. 어느덧 완벽하지 않은 상황을 솔직하게 이야기하고 인정하는 용기가 내게 생긴 것이다. 괜한 생각들을 꽉 움켜쥐고 고심하는 건 하잘것없는 욕심이었음을 안다.

그간 아파 누워 앓던 2개월여 동안에 돌아보며 용서하며 고여 있던 독소들을 밀어내다 보니 어느새 실수를 그대로 드러내고 인정하려는 듯 자연의 모습을 닮아있다. 완벽하지 않고 실수할 수 있는 사람임을 회원들께 솔직하게 보여주는 기회가 되었다.

자전거를 주차해둔 바퀴 밑엔 남자들이 피우고 버린 담배꽁초가 피운 사람의 이빨 자국을 안고 괴로운 듯 누워있다. 자전거 주차대에 나란히 세워둔 자전거 바퀴 사이사이에 낀 꽁초는 주워내기에 불편하기가 그지없다. 버리는 사람은 담배를 피우고 버릴 땐 꼭 꺼내기 힘든 깊은 곳에다 버린다. 버리는 죄스러움에 보이지 않는 곳에 숨기려는 심리 때문인지도 모른다.

길가에 블록 사이로 솟아오른 아이 키만큼 자란 풀을 힘껏 당기다가 허리에 무리가 갔는지 굽혀펴기가 불편해진다. 욕심을 버리고 큰 풀 뽑기는 다른 회원에게 양보하고 쓰레기를 주우며 위쪽으로 돌아가니 택시 승강장 앞 화단에도 흰 담배꽁초와 빈 음료병과 캔들이 숨겨놓은 보물마냥 나무 사이사이와 잔디 사이사이에 꽂혀 있다. 모두 눈을 반짝이며 마치 보물찾기라도 하듯 열심히 쓰레기를 찾아 봉지에 담는다.

2시간의 대청소를 끝내고 버스터미널에서 헤쳐 다시 상주초등학교 옆 콩나물 해장국집으로 모였다.

지금은 모두가 추석 준비를 해야 하는 바쁜 주부들이다. 그 속에서 시간을 내어 나온 회원들이기에 마음 또한 바쁘다. 어둠 속에 묻혀 대청소를 하느라 인사도 못 한 것을 이곳 식당에 와서야 겨우 서로의 안부를 물어보는 것도 바로 이 시간이다. 싱싱한 콩나물에다 황태를 넣고 끓인 콩나물 해장국에다 깍두기와 새우젓으로 간을 하고 생계란 한 개를 깨트려 얹은 뜨거운 해장국은 새벽 일찍 일어나 봉사 후에 먹는 것이기에 더 시원하고 맛있는 듯하다.

회원들은 추석 대밑인데도 이렇게 바쁜 시간을 내어 봉사를 하는 마음 넉넉한 사람들이다. 잠결에 일어나 세수도 하지 않고 나온 모습들이지만, 즐겁게 웃는 모습이 또한 이렇게 아름다울 수가 있을까? 짙게 화장한 얼굴에다 포장된 웃음이 아닌 진정한 삶의 진실을 안고 있는 웃음이기에 더욱 아름다운 것이다. 그래서 회원들과 함께하는 시간은 늘 행복하다.

비록 나서지 않아도 사회의 뒤편에 서서 아무도 알아주지 않아도 즐거울 수 있는 회원들이어서 나는 그들을 좋아한다. 언제나 뒤에서 묵묵히 봉사하는 이런 것들이 모여 세상을 조금씩 변화 시켜 가는 것이다. 이런 것들이 바로 아무도 알아주지 않기에 더 돋보이는지 모른다. 후다닥 해장국을 먹은 후면 너 나 없이 서둘러 자리를 뜬다. 이제부터는 가정의 봉사를 위해서이다.

동행

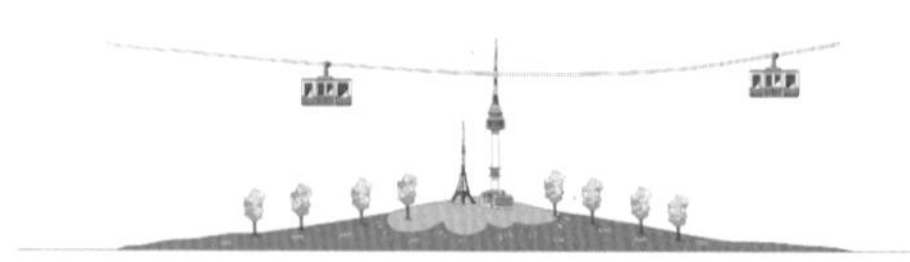

싱그러운 오월 어느 날, 친구와 함께 남산에 올랐다. 오월의 남산은 봄꽃이 진 초록의 모습으로 햇빛을 품은 오후의 숲은 조용해서 좋다. 친구와 만나면 영양가 없는 대화를 주거니 받거니 할 수 있어 머리 쓸 일 없어 편하다. 천천히 걷고 있으니 눈 안에 들어오는 남산의 풍광을 하나도 놓치지 않고 다 잡을 수 있어 좋다. 코끝을 간질이는 미풍이 살짝 나뭇잎 사이로 비집어 지난 듯 솨~아 소리를 낸다. 5월의 바람이 싱그럽고 상쾌하여 행복감을 안겨 주는 오후이다.

전에도 몇 번 혼자 남산을 걸은 적은 있지만, 그땐 마음이 편치 않아서인지 쓸데없는 잡것들이 머릿속에 가득 차 있어 그것들을 잡고 푸느라 발등만 보고 걸었으니 그 좋은 풍광이 하나도 눈에 들어오지 않았었다. 오늘은 동행이 있어 함께 천천히 걷다 보니 많은 것들이 그곳에 있었음이 놀란다. 내가 볼 수 있은 것을 친구가 놓칠 수 있고, 친구가 본 것을 내가 놓칠 수 있지만, 동행이 있기에 더 많은 것을 보고 주고받는다. 남산은 항상 그곳에 있었는데 오늘 또 다른 아름다움으로 우리 앞에 가까이 있음은 동행이 있기 때문이다.

친구가 손수 준비한 담백한 소찬을 함께한 행복감을 가지고 친구의 아파트 뒤쪽으로 나 있는 등산로로 오르는 남산의 모습은 또 다른 모습으로 신선함을 안겨준다. 마음이 한가하니 모든 게 아름답다. 행복이란 이런 작은 곳에 있음을 맘껏 즐기고 있는 오후이다.

한참을 남산의 풍광에 취해 감탄하며 걷는 그 길에서 평소 아는 지인을 만났다. 무엇이 그를 그리 아프게 하는지 떨어진 눈길이 발등에 꽂혀 걷는 발걸음이 천근만근인 듯 무겁다. 힘들게 내딛는 그의 발 위에 멈춰버린 그의 시선이 지금 얼마나 힘든 상태임을 가늠할 수 있을 것만 같다. 나도 힘들 때 땅만 보고 걸었듯이 어쩜 그도 남산 둘레길을 걸으면서 무거운 마음 정리를 하려 애쓰고 있는지 모른다. 어쩜 내가 그랬듯이 그의 머릿속은 수만 가지 생각들에 빠져 헤어날 수 없어, 천천히 걸으면서 어떤 해결책을 위해 정리하고 있을지도 모른다. 부디 숲의 맑은 기운이 그가 둘레길을 한 바퀴를 돌고 왔을 땐, 나쁜 기운들은 밀어내고 그의 머릿속은 훨씬 가벼워져 있기를 바란다.

둘레길서 마주친 지인의 고뇌와는 무관하게 우린 다시 이 순간의 행복을 놓치지 않으려 즐거운 마음으로 걷고 있다. 둘레길 가에 새로 마련한듯한 이동식 화장실을 보고 시 관계자의 배려에 놀라기도 하고, 괜한 우려감에 화장실 상태를 체크해 보기도 하는 이런 오지랖이 모두 충만한 하루가 주는 여유 덕분이다.

이처럼 동행이 있으면 홀로 갈 때의 홀가분한 마음과는 달리 든든함과 편안함이 있다. 홀로 갈 때의 빠른 홀가분함보다 다소 느려도 또 다른 든든함이 있다. 혼자 갈 때보다 더 많은 것을 볼 수 있어 좋다. 혼자 갈 때보다 더 많은 것을 놓치지 않아 좋다. 이렇게 오늘 하루 충만한 행복감을 느낄 수 있는 건 마음 편한 동행이 있기 때문이다.

숨도 돌릴 겸 둘레길 옆 전망 좋은 의자에 나란히 앉았다. 산 아래 보이는 선배의 집 텃밭을 내려다보면서 그 집 주인의 부지런함을 칭찬하기도 하고, 눈 아래 깔려있는 다른 풍광을 하나씩 안았다 놓았다 반복하며 서로의 걱정들을 꺼내어 보이며 답답함을 풀기도 하고, 풀어 주기도 하는 오늘 우리는 자연 속의 한 폭의 그림인 듯 모든 걸 놓아버린 평온한 하루를 만끽한 날이다. 동행이 있어 더 행복한 하루이다.

소낙비

경기도 쪽은 긴 장마에 폭우로 고생한다고 연일 매스컴이 떠들어도 상주에는 올해 비가 적었다. 오후 4시, 지인의 툇마루에 앉아 바라보는 앞마당엔 목련이 꾸벅꾸벅 졸고 있는 오후이다. 수려한 자태를 뽐내던 화단에 심어진 소철의 작은 가지들도 지인과 내가 건네는 이야기에 귀 쫑긋거리며 듣다 말다를 반복하며 졸고 있는 한가한 오후이다.

갑자기 시커먼 먹구름이 세찬 바람을 몰고 온다. 짙은 구름 속을 헤집고 금방이라도 비를 쏟아낼 듯 울컥울컥 소리를 낸다. 수다는 그만하고 비가 오기 전에 서둘러 집으로 돌아가야 하나? 마음속으로 이리저리 저울질하는데 그새를 못 참고 하늘에선 먼저 비를 토해낸다. 바람에 밀려온 소낙비가 지인의 툇마루에 마주한 벽을 세차게 후려치는 소리가 사납다.

앞집의 낡은 처마 끝에 매달린 물받이가 갑자기 쏟아진 비의 양을 감당하지 못했는지 그만 터져버렸다. 물받이 속에 쌓여있던 먼지 묻은 부유물들을 끌어안은 채 왈칵왈칵 밖으로 토해낸다. 입 벌린 물받이로 많은 빗물이 떨어지며 감당 못해 쏟아 내는 소리가 우렁차다.

비는 금방 그치고 앞마당에서 졸던 비 맞은 목련이 화들짝 잠을 깨어 싱그럽게 방긋거리며 눈 맞춰주는 한가한 한여름의 오후이다. 복더위에 힘들게 헉헉거리며 졸고 있던 소철도 세차게 때린 비에 화들짝 놀란 듯 잎사귀에 빗물을 이고 초롱초롱 반짝인다. 나무 밑 늘어진 풀잎이 재빠르게 빗방울을 털어내고 빳빳하게 깃을 세웠다. 늘어진 오후를 소낙비가 때려서 졸고 있던 모두를 깨우는 날이다. 나무도, 풀잎도, 지인도, 나도 어느덧 모두 시원해진 듯하다. 소낙비가 눈도 마음도 모두 개운하게 깨워내는 한가한 오후이다.

무리인 이유

사람은 아는 만큼 멈춤의 숫자가 늘어난다. 이는 아는 만큼 나아감의 속도가 더뎌진다는 것이다. 무식하면 용감하다는 말과 같이 멋모르고 덤비는 사람은 새로움에 대한 도전 횟수가 늘다 보니 성공률도 그만큼 높아진다. 도전하는 세상이 어떤지를 모르기에 겁 없이 도전하는 것이다. 그러나 무작정 하고 보는 그것이 경험으로 쌓여 성숙을 이뤄내기도 한다.

용감하게 도전할 수 있는 것은 모르던 세계에 대한 신비함과 두려움은 있지만, 희망이란 큰 빛이 그러한 것들을 가려주어 새로운 것에의 도전이 쉬울 수도 있다는 것이다. 그곳이 어떤 곳인지 잘 모르니 새로움에 대한 두려움 또한 적은 것이다. 새로운 세계를 보지도 듣지도 못했으니, 도전에 대한 두려움 또한 적을 수밖에 없는 것이다. 그들에겐 새로운 세계에 대한 희망만 있을 뿐 두려움이 없기 때문에 할 수 있다는 자신감 하나만으로도 도전하게 되는 것이다. 그 속에서 배우면서 헤쳐나가는 용기는 젊은이들만이 할 수 있는 상점이다. 나이가 들어가면서 많은 경험이 쌓여 그 경험들이 지혜가 된다.

많은 경험과 지혜에도 불구하고 젊은이처럼 쉽게 도전을 하지 못하는 건, 그 과정과 결과를 이미 잘 알고 있기에 멈추어 돌다리만 두드리다 보니, 도전도 못 해보고 생각만 하다 끝나버려 찾아온 기회도 쉽게 놓치게 되는 것이다. 나이가 든다는 건 참으로 많은 걸 멈추게 한다. 경험이 멈추게 하고, 병듦과 늙음이 멈추게 하고, 경제적인 여건이 멈추게 한다. 이렇게 멈추기만 반복하다 보니 지난날에 대한 회한만 안고 결과를 생각하다 보니 새로운 도전보다는 유지를 선택하게 되는 것이다.

그렇게 멈춤의 숫자만 보태다 세월만 흘러 황혼에 접어들면 삶의 끝자락을 준비하기 위한 길을 재촉받게 되는 것이다. 이렇게 생각이 많다 보니 하루의 시간도 짧기만 한 건, 노인이 되면 늘 집안에 갇혀 매일 반복되는 일로 지루하게 살다 보니 세월만 빠르게 느껴지는 것이다. 자고 나면 하루가, 한 달이, 일 년이 후딱 지나가 버리는 것이다. 그러니 앉아서 빠른 세월만 탓하며 죽음에 대한 두려움을 안고 인생을 마감해야 하는 시점까지 내달아 더욱 갈등하게 한다.

이런 노인의 처지를 잘 알면서도 아직도 남의 일에 참견하는 노인들을 본다. 아직도 자기 맘에 안 든다고 불평하는 노인들을 본다. 아직도 자기 합리화를 위한 억지 주장을 하는 노인들을 본다. 앞뒤가 어찌 되었든 자기주장만 관철하려고 언성을 높이며 싸우는 추한 노인들을 본다. 양보를 거부하는 이기심이 자신을 외롭게 만든다는 사실을 그 나이 먹도록 모른 듯하다. 어쩌면 지금까지도 양보와 비움에 익숙해지지 못한 탓이다. 지금까지도 마음을 과거에 두어 현재에 함께하지 못한 때문이다. 육체의 나이가 하나씩 보태질 때마다 영혼의 나이도 하나씩 보태어지길 바라지만, 신은 영혼의 나이를 늙게 하진 않은 탓인 듯하다.

지금부터는 먼 곳의 신비 따윈 추구하지도 말자. 어딘가에는 아직도 해야 할 일들이 있을 테지만 지금은 여기서 멈춰야 한다. 더 이상의 도전은 무리라며 몸은 소리 지른다. 이미 새로운 도전이란 무거운 무게를 감당하기 버거운 나이에 와버린 거라고 일깨운다. 그러니 더 이상 채우지 말고, 비우기에 익숙해지도록 노력하라 한다. 큰 것이든 작은 것이든 하나씩 비워나가라 한다. 지금에선 더 이상의 도전은 무리이다.

바보야 놀자

운명이 제일 무서워하는 것이 바보라고 한다. '뒤에 오는 호랑이는 피할 수 있어도 앞에 오는 운명은 피할 수 없다'는 말이 있듯이 운명이란 어마무시 무섭다. 그런데 그 무서운 놈을 피할 수 있는 것이 바로 바보이다. 세상엔 똑똑하고 영리한 사람은 많고도 많다. 내가 똑똑한 줄 알았는데 나 보다 나은 사람이 있고, 그 사람이 똑똑한 줄 알았는데 그보다 더 나은 사람이 또 많다. 이 세상에서 제일 잘난 건 하나도 없는 것이다. 그러니 다소 똑똑하진 않더라도 정직하고 질서를 지키며 바르게 살아가는 사람이 많아져야 살맛 나는 세상이 되지 않을까 한다.

권모술수의 난무 속에 부정을 치적으로 포장하는 사람이나, 이익을 위해선 권력과 타협하기보다는 정직하되 바르게 살려는 용기 있는 바보들이 이 세상엔 많아져야 한다. 바보 같은 사람이 많아질수록 사회 만족도는 훨씬 더 높아질 것이란 생각이다. 자신의 출세를 위해 추월만 하려 든다면 치적을 들어내려 어떤 일이든 앞서려 할 것이다. 또한 자신의 이익을 위해선 그 어떤 거짓말도 진실로 매도해 버리려는 자들이 많아져선 아니 된다는 것이다. 참되고 진실 되고 정직하게 살아가는 바보들이 사회에는 더 많아져야 한다는 거다. 이런 바보들이 늘어난다면 우리 사회의 미래는 분명 희망적이 되지 않을까 한다. 정직하고 바르게 사는 사람들이 바보 취급받는 건 우리네 역사관과 무관하지 않다고도 하지만 그래도 바보들은 늘어나야만 한다. 정작 바보가 바보는 아닌 것이다.

그들은 단지 질서를 지키며 바르게 살려는 선량한 시민이며 나 보다 남을 더 배려하는 사람들일 뿐이다. 질서를 지키지 않는 자에게는 오히려 바르게 사는 사람이 바보로 보일 뿐이다. 그렇다고 바보가 되기가 쉬운 일은 아니다. 자기와의 싸움이 있어야 하고 올곧은 자기 주관이 있어야 한다. 바보는 인간의 기본을 중시 여기니 누군가의 덕을 볼 일도 없으니 당당할 뿐이다. 칠순이 된 바보가 하고 싶은 걸 하고 싶어 한다. 바보스럽게 살아준 것도 고맙고, 그 험난한 세월 버티며 견딜 수 있었음은 바보이기에 가능했던 일이 아니었을까? 박수를 보낸다. 잘 살아 주어서. 옆길 뻗어 나가려는 잘못될 가지들을 미리미리 살펴서 잘라주어 고맙다. 바보처럼 살아서 다행이었고, 바보처럼 살았기에 삶엔 후회가 없다.

오늘은 노인 요양병원에 목욕 봉사를 간 날. 중증의 노인 환자들이라 자칫 다치기라도 한다면 큰일이다. 환자들을 조심스러워하는 내게 간병인이 내뱉는 무례함에도 참아내는 내가 바보이다. 오만해진 젊은이들 속에서 유령 취급받는 나도 바보이다. 무례한 말이나 행동에도 참아주는 내가 그들 눈엔 바보이다. 내가 원하는 걸 늘 차 순위로 밀쳐두는 것도 바보이다. 이제 멈춰 돌아보니 행복이란 빠른 속도보다 느린 속도 속에 잡을 수 있음을 깨닫는다. 늦었지만 이제라도 그간 누리지 못했던 작은 행복을 누리고 싶다. 자전거를 타고 들판을 가른다든지, 잡초를 뽑으며 흠뻑 땀을 흘리며 온전한 나만의 시간을 누린다든지. 진정한 바보끼리 모여서 바보스런 이야기를 하면서 마음껏 하하 호호 웃으며 바보 같은 친구들과 맘껏 놀고 싶다. 맑고 깨끗하니 거리낌이 없다는 말과 같이 그 사람의 정직함이 그 사람의 당당함이란 말을 다시 새겨본다. 바보야 놀자.

내려가는 길

정상에 서면 많은 것이 보인다. 오르기 전엔 볼 수 없었던 큰 것이 보인다. 작은 것보다 큰 것이 더 잘 보이는 그곳에선 작은 것은 잘 보이지 않아 자칫 자만할 수 있기에 조심해야 한다. 내려오는 길이 올라가는 길보다 더 힘듦을 내려오며 안다. 그곳은 정상에서 본 시야보다 작기에 신경 쓸게 별로 없을 것 같은데 그곳은 가려진 것이 많아 한 번에 볼 수 없기에 더 신중을 기해야 한다.

정상으로 향하는 길은 처음이란 기대감으로 온몸을 모아 오르기에 넘어질 확률은 적다. 그러나 성취를 이룬 후에 내려오는 길에선 쉬울 거란 생각과는 달리 더 힘이 드는 걸 내려오며 안다. 오를 때는 목표를 향해 긴장하며 한발 한발 조심스레 올랐기에 넘어질 확률이 적다. 내려오는 길엔 목표를 이룬 뒤에 오는 해방감에 긴장까지 놓은 후라 자칫 넘어지기가 쉽다. 미리 보지 못한 돌부리에라도 걸리면 넘어져 다칠 수 있기에 조심해야만 한다.

내려올 땐 정상에 대한 또 다른 미련과 유혹을 단번에 버리기 어렵다. 이는 정상에 대한 미련과 새로운 것에 대한 또 다른 유혹 때문이다. 그러나 내려와 작지만 자연 속에 묻혀 작은 나로 살 것인가를 두고 갈등케 하더라도 내려오기로 마음먹었다면 어떤 유혹도 뿌리치는 용기가 필요하다. 그리고 사람들의 무관심에도 견뎌내는 용기가 필요하다. 내려와 숲에 들어가 살기로 작정을 했다면, 작은 나무로 뿌리내리기 위한 굳은 결심이 섰다면, 그 마음 변하지 않게 단단히 잡아둬야 한다. 그리고 자연의 순리를 따르며 바닥까지 내려와 여유를 부리며 남의 눈치 보지 않고 마음을 표출해 내는 용기로 살아도 좋다. 모두를 바꿔 보려고 객기를 부렸던 정상에서의 일들이 한낱 욕심이었음을 시간을 보낸 후에야 안다. '혼자서 세상을 한 번에 변하게 하려고 하지 말라'는 말이 지금에야 새롭게 가슴에 와닿는다. 어떤 변화를 위해선 안위와 구태에선 쉽게 이뤄낼 수 없다.

그러나 한 번에 바꾸진 못 하더라도 발전적인 변화를 위한 것이라면 누구이든 시도는 해 봐야 할 것이다. 작은 것들이 모여 큰 변화를 이뤄낼 수 있는 건 분명하지만, 현실 속에선 변화보다 그것의 유지가 더 어렵다는 걸 잘 안다. 그러나 누구이든 변화는 시도해야 한다고 본다. 사람들의 살아온 그리고 살아가는 방식이 다름은 어쩔 수 없으나 그것이 작은 변화일지라도 발전적인 것이라면 누군가는 앞장서 시도는 해 봐야만 할 것이다. 그러나 이제는 내려가는 길, 지금부터는 작은 나무들이 누리는 작은 행복 속에 들어가도 좋을 듯하다. 그곳에서도 필요로 하는 작은 일들을 찾을 수 있을 것이다. 중심에서 앞장서는 사람이 아닌 뒤에 서는 배경의 의미를 깨치며 또 다른 행복의 의미를 깨쳐 가게 될 것이다.

참 인연

인생을 살아가면서 수많은 사람들과 만나고 헤어지면서 알게 모르게 인연을 맺어가며 살아간다. 그것이 선연이든 악연이든 각인된 인연은 기억 속에 남아 오래도록 저장된다. 아무하고나 쉽게 인연을 맺지 말라 하지만, 살아가자면 매일 수많은 사람들과의 만남이 계속되는 한 그 속에서는 새로운 인연을 만날 수밖에 없다.

좋은 사람과의 만남은 좋은 인연으로서 남게 되어 오래도록 기억된다. 그렇지 못한 인연 또한 기억 속에 기억됨은 어쩔 수가 없다. 모든 인연들은 무심히 흘러가다 원하지 않는 어떤 시점에서 다시 얽히고설키면서 선연으로 또는 악연으로 이어지기도 한다. 엉킨 인연을 다시 만나게 되면 잘 풀어내기도 하고, 그렇지 못하면 또다시 상처를 보태어 결국엔 가슴에 들어와 박힌다. 수도 없이 스쳐 지나간 만남들 속에 유독 원치 않은 인연들이 많음은 어쩜 자신의 탓인지도 모른다. 나쁜 것은 스쳐 지나가는 인연쯤으로 여기고 무시해 버리려 하지만 시간이 흘러서 굽어지는 길목에선 다시 만나게 되는 자연의 순리를 어쩌지 못하니 힘들어한다.

모든 것이 다 그러하겠지만 인연 또한 자연의 순리를 피할 방법은 그 어디에도 없다. 내게 오는 수많은 인연들을 다 잡으려 하지 말고 선연은 나의 참 인연으로 여기고, 그 외의 잡다한 인연들은 스쳐 가는 바람쯤으로 보내버리고 살아간다면 어떨까? 만남이 피할 수 없는 악연이라도 누구에게나 한 번쯤은 찾아올 인연이라 여기며 살아가면 어떨까? 소중하지 않은 인연을 다 잡으려 하지 말고 그냥 보내 버려라. 굽이굽이 돌아 매듭진 인연을 다시 만날지라도 그곳에서 함께 부대끼고 참다 보면 물처럼 다시 흘러가 줄 것이다.

엉킨 악연이 고비고비에서 다시 만나 자신을 괴롭히더라도 그런 인연은 흘러가게 버려두고 미련 갖지 말라. 굽이굽이에서 만나게 되는 엉킨 인연 끌어안고 상처 내며 괴롭히는 건 바보스런 일이다. 참 인연으로 이어지게 하려면 느긋한 기다림이 필요하다. 어떤 길에서든 다시 만날 악연일지라도 그 인연 계속되진 않을 터이니 못 본 체 보내 버려라. 이 세상에 영원한 것 없듯이 그 또한 흘러갈 것이다. 늦었지만 이제부터라도 다섯 손가락에라도 찰 수 있는 참 인연들을 찾아보면 어떨까? 참 인연 만나려면 내가 먼저 남에게 참 인연이 되어 주는 것이다.

불안한 날

무언지 모르게 불안한 날이 있다. 자리에 앉아도 서 있어도 가슴이 쿵쾅쿵쾅 소리를 질러대는 날. 바닥에 가슴을 누르고 한참을 개기지만 가라앉는듯하면서도 계속해서 소리를 내는 건 무슨 이유 때문일까? 거실로 나와 흔들의자에 앉아 앞뒤로 흔들며 눈을 감고 마음을 조율해 보기도 하고, 멀리 보이는 가로등 불빛을 하나둘 세어보기도 하고, 가슴속 깊은 곳까지 들이마신 숨을 크게 천천히 토해내며 복식 호흡을 하지만 가슴은 여전히 쿵쾅쿵쾅 거려 불안하기만 한 날이다. 하루를 돌아봐도 마음에 걸리는 거라곤 찾을 수가 없는데, 가슴은 계속해서 방아를 찧어대는 이상한 날이다. 어쩌면 지금까지의 생활은 너무 바빴고 나에 대한 투자엔 인색했던 나이기에 내 속의 나가 항변하는 소리인지 모른다. 무엇이 우선인지 깨워 주려는 듯 가슴은 계속해서 소리를 질러댄다.

그동안 농장에서 일하며 작업을 핑계로 컵라면 한 개로 짐심을 대신하며 하루를 혹사했던 때도 있었고, 유명을 달리한 그가 운영하던 약국의 정리를 위해 창고 안에 가득 찬 약들의 반품을 위해 제약회사

별로 분류하는 일로 반품 박스 속을 채우면서 식음을 전폐하고 45평 창고 안에 갇혀 한 달 동안 혹사하던 일, 부도난 약국의 정리를 위해 밤새우며 해결책을 강구하려고 고심하던 날들, 점심값이 아까워 가게 앞 과일 수레에서 바나나 한 개로 점심을 대신했던 일, 때론 농장에서 하던 일을 마저 마치려고 뜨거운 태양 볕 아래서도 때도 거른 채 몸을 혹사하던 일, 봉사할 때도 시간이 아까워 끼니를 라면이나 찬밥으로 대신하던 일. 이런 것들이 쌓이다 보니 더는 못 살겠다는 소리인 듯 내 속에 숨은 또 다른 내가 질러대는 항변의 소리인지도 모른다. 나 좀 돌아봐달라고. 이제부터 좀은 쉬어가며 내 속의 나를 위한 시간부터 챙겨달라는 소리인지도 모르겠다.

이제부터라도 좀은 쉬어가며 가야겠다. 그리고 숨 가쁘게 보내야 하는 그런 급한 삶이 아니어도 적당한 느린 일들을 찾아봐야겠다. 또 다른 행복 속으로 데려다줄 그런 느린 일들을 찾아봐야겠다. 쿵쾅거리는 가슴의 항변을 조금씩이라도 들어줘야겠다. 바삐 달리지만 말고 힘들면 좀은 쉬어가며 잘 가고 있는지 때론 돌아보며 내게 끼니도 챙겨주면서 말이다. 몸이 질러대는 항변의 소리에 귀 기울이다 보니 새삼 걸어온 길을 돌아본다. 잘 살아온 것 같은데 그 속엔 놓쳐버린 것들이 보인다. 너무 바쁘게 걸은 탓이니 이제라도 조금은 느리게 걷다 보면 더 많은 것들이 보일 것이다. 그러면 가장 소중한 것은 놓치지 않게 될 것이고 쿵쾅거리며 질러대는 항변의 소리도 듣지 않게 될 것이다. 너무 빨리 걷으려 하지 말고 때론 느리게 걸어가며 살자.

외출

겨우내 멀어져 있던 산들이 사람들이 가까이 다가오는 4월이다. 모든 걸 내주고 쉬고 있던 산속 나무들이 하나둘씩 초록으로 변해가는 계절 봄이다. 동색이되 동색이지 않은 다른 초록빛을 더해 가기에 더 신선한듯하다. 아기 손 마냥 솜털 이고 돋아나는 잎들이 앙증스럽게 예쁘다. 아기 손 연둣빛이 점점이 짙어져 가는 것 또한 겨울을 견뎌낸 봄의 변화이다. 봄에 핀 꽃이 아름다워 보이는 건 겨우내 언 마음을 녹여주기 때문이다. 앞서거니 뒤서거니 온 천지가 꽃으로 이어지는 계절인 봄은 많은 사람들을 밖으로 끌어낸다.

한가한 오후. 날씨가 좋아 자전거를 타고 흙길에 올랐다. 두 바퀴를 가르는 작은 바람 소리가 좋고, 바퀴 사이로 치고 올라 콧등에 머물다 사라지는 흙냄새가 너무 좋다. 자전거는 천천히 여유롭게 타는 것이 좋다. 타는 듯 걷는 듯 그런 느린 속도 말이다. 걷는 듯 느리게 페달을 밟다 보면 주위에 산재한 많은 것들을 하나도 놓치지 않고 다 안을 수 있어 즐겁다. 어디이던 멈춰 서면 사방에 펼쳐진 그곳에 있는 소소함을 놓치지 않고 즐기면 된다. 때론 멈춰 쉬면서 발아래 피어있는 작은 풀꽃과 눈을 맞추기도 하고 발아래 졸졸거리는 개울 물소리도 놓치지 않으려 집중하다 보면 마치 영혼을 씻겨 내는듯한 이 맑음이 참 좋다.

둑 아래로 내려가 물소리에 한참을 귀 기울여도 보고 물소리가 지루할 때쯤이면 둑 위로 다시 올라와도 좋다. 둑길은 큰 개울을 끼고 있어 공기가 맑아 싱그러움이 코끝에 닿는다. 둑길에 올라서면 저 멀리 더 넓은 시야를 확보해 주는 듯 펼쳐지는 풍광 또한 시원하다. 둑길 위에서 타는 자전거는 산과 들 내를 함께 볼 수 있기에 가슴이 뻥 뚫리듯 시원하다. 또한 자전거를 타고 가며 보던 풍광과 돌아올 때의 풍광이 다르니 지루하지 않아 좋다. 똑같은 풍광인데 갈 때와 올 때의 풍광이 달라 보이는 건 마주하는 배경이 다르기 때문이다. 시야가 확 트인 둑길에서 걷는 속도로 느리게 타다 보니 마음 또한 여유로워진 듯하다. 마음이 여유로우니 지금이 막 행복하려 한다. 자전거를 탄 몸 위로 부딪쳐 지나는 봄바람이 몸을 데우듯 따듯해서 좋다.

돌아오는 길에 있는 저수지에서 흘린 물이 흘러 작은 개울 만들고 그 위로 난 잠수교를 지나다 보니 그 속에 작은 물고기가 헤엄치느라 바쁘다. 개울물은 부초가 걸러준 때문인지 제법 깨끗하고 맑다. 자전거를 세우고 그 앞에 쪼그리고 앉아 맑은 개울 속 물고기와 눈을 맞춘다. 시간을 잊어버린 듯 한참을 물고기를 쫓다가 일어나 문득 하늘을 보니 파란 하늘 속 흰 구름이 평온하게 내려다보고 있다. 네 바퀴의 속도감이 아닌 두 바퀴의 자전거로 느림을 만끽한 외출이라 더 행복한 오후이다. 행복이란 바로 이런 소소한 것 속에 들어 있는 것이다.

5부

살아가는 이유

대청소를 하라

사람들은 살아가면서 필요에 의해 참으로 많고 많은 것을 취하며 살아간다. 살아온 햇수가 많아지면 많아질수록 갖게 되는 소유물도 늘어나기 마련이다. 소유물은 크게는 주택의 크기에서부터 작게는 그 안에 들어가 앉은 많은 것들이 정작 본인도 기억 못 할 정도로 많고도 많다.

바삐 살다 보니 이사하면서 옮긴 물건들이 10년이 넘게 박스 속에 묶인 채 그 자리에 앉아있기도 하고, 옷장 속 옷걸이에 걸린 옷이 바뀐 계절을 만나보지도 못한 채 지나가는 옷들도 많다. 그런 잡다한 것들이 나이만큼 보태어졌으니 얼마나 많을까?

노년의 삶이란 우울한 구석들이 많다. 자녀들이 떠나간 곳을 빈 둥지라 말함도 공허하고 외롭고 쓸쓸함을 내포하고 있음이다. 먼저 자녀들이 자신들의 새로운 보금자리를 위해 다 떠나버린 빈 곳은 크든 작든 간에 혼자 또는 둘이 살기에는 넓어 허한 것은 노인이면 누구나 느껴본 감정일 것이다. 하나씩 늘어난 자녀들의 숫자만큼 성장해 나간 연수만큼 채워진 애들의 소유물 또한 엄청나다.

새롭게 차린 그들만의 보금자리엔 옛날 그들이 쓰든 소유물은 새 살림엔 필요치 않은 자잘한 것들이 많이 있다. 그럴 때 날을 잡아 애들의 소소한 물건들을 정리해 나가라. 그들의 추억거리는 따로 모아 두었다가 방문 시 의견을 물어 필요한 건 챙겨가라 하고, 그렇지 못한 건 과감하게 버려라. 그렇게 정리해 나가다 보면 떠난 애들로 비워진 집은 더욱 커지게 느껴질 것이다. 그때는 과감하게 살던 집부터 반으로 줄여야 한다. 집을 반으로 줄이려면 당연히 그 안의 소유물도 반으로 줄여야 할 것이다.

10년이고 20년이고 한자리만 고집하던 물건들은 이미 쓸모가 없는 물건들이다. 그 긴 세월 바깥 공기 한번 쏘이지도 못한 채 옴짝 않고 있었으니 이것들은 쓸모없음이 분명하다. 그걸 정리해야 한다. 자녀들의 옷가지로 가득하던 옷장도 자리만 차지하고 있고, 그것들도 필요한지 필요 없는지 물어보고 필요한 건 가져가게 한다.

그릇의 기능을 한 번도 하지 못한 채 찬장 위에 올라앉아 전시효과의 역할만 하던 고가의 그릇들도 쓸모없는 것들은 묶어 내놓는다. 그걸 보고 필요한 이들이 가져간다면 더 감사할 뿐이다. 쓰지 않던 그릇들에게 생명을 불어넣어 줄 새 주인을 만나게 되면 얼마나 좋은 일인가? 많은 식구들과 손님 접대를 위한 큰 교자상들도 필요한 이를 찾아 가져가게 한다. 큰 집안의 소유물의 정리가 얼추 되었다 싶으면 작은 집으로 이사를 가라. 반으로 줄인 집에서도 살아있는 한 소유물은 또다시 늘어나기 마련이기에 이제는 이것들을 시간 날 때마다 자주 정리해 주지 않는다면 모든 것이 또다시 짐으로 남는다.

선뜻 정리가 어려운 것 중 하나가 사진이다. 과거 속 역사가 그 속에 있기에 그러하다. 그것이 본인에게는 즐거운 과거 속 한 장면이었다 해도 자식들에겐 관심 없는 장면이 될 수도 있기 때문이다. 사진 정리는 꼭 죽기 전에 해야 할 일로 명심해야 한다. 한꺼번에 정리가 안 되면 사진을 봐 가면서 몇 날 며칠 순차적으로 정리해 나가도 좋다. 중요한 가족의 역사가 담긴 사진은 따로 분류한다.

가족들이 나를 기억해 줬으면 하는 사진은 따로 분류해두고, 내가 추억을 찾고 싶을 때 보고 싶은 사진은 언제라도 꺼내 볼 수 있게 두고, 언젠가 떠날 때쯤 태워 버릴 수 있게 따로 보관하는 것도 좋다. 내게 남은 앞으로의 세월이 길 수도 짧을 수도 있기 때문이다.

이제는 새 물건은 필요치가 않다. 가전제품도 고장 나지 않는 한 새것으로 교환할 일도 없으니 말이다. 미래의 나의 모습도 가늠할 수 없으니 소유물의 보탬 또한 바람직하지 않다. 소유물에서 조금씩 벗어나야 하는 것이다. 하루에 한 번이든, 한 달에 한 번이든 아니면 계절이 바뀌는 문턱에서든 자기가 마음 가는 날에 소유물의 숫자를 줄여가는 대청소를 해야 한다. 언제든 가방 하나 들고 가야 할 마지막 그곳이 어디이든 가볍게 떠날 수 있도록 대청소를 해야 한다. 가족들의 무게를 들어주기 위해서라도 나의 소유물을 줄여나가는 대청소를 해야 한다. 그것이 유형이든 무형이든 간에 지금이라도 늦지 않다. 대청소를 하라.

5월이면

해마다 5월 이맘때의 해 질 녘이 되면 창 너머로 들려오는 개구리 소리가 좋다. 어둠이 들기 시작하는 때라 더운 기운 속에 섞인 저녁 바람이 시원하여 개구리 소리가 더 청아하고 맑게 들린 듯하다. 갈아엎은 논에다 물을 가두면 그곳에다 개구리가 알을 낳고, 그 알을 까고 나온 올챙이는 어느새 개구리가 되어 그곳은 바로 개구리들의 운동장이 된다.

게으름을 피우는 나의 봄은 해마다 그러했듯이, 개구리를 보는 것보다 개구리 소리로 5월이 온 걸 안다. 개구리들이 만들어 내는 합창의 하모니가 심장을 시리듯 영혼을 맑게 해 준다. 해진 후 어둠이 한낮의 소음을 모두 먹어 버린 때, 한 번에 들려오는 개구리 합창 소리는 하루의 늘어진 영혼을 깨워내듯 맑게 해준다. 오케스트라의 연주 화음이 이거만큼이나 맑을까?

초저녁에 실내등을 켜지 않은 깜깜한 거실에 홀로 앉아 눈을 감고 귀를 모아 보라. 열어둔 창으로 들어오는 바람이 참 좋은데 미풍 타고 들려오는 개구리 합창 소리는 복잡하기만 했던 하루의 일 속에 일

그러졌던 시간들은 자연스레 조율을 시켜 주는 듯 편안하다.

낮 동안 아파트 밑에서 시끄럽게 떠들며 놀던 아이들도 모두 집으로 돌아간 조용한 시간이다. 혼자 앉아 하루를 돌아보고 또 돌아보며 내일을 그린다. 귀를 간질이는 미풍이 창을 타고 들어오는 조용한 시간, 어둠을 헤집고 들려오는 개구리 합창 소리는 단순히 반복되는 조합인데도 그것이 얼마나 가슴을 맑게 하는지, 또 그것이 얼마나 편안하게 하는지 모른다. 한 번에 울어대는 단순한 화음이 몸과 마음을 모두 힐링 시켜주는 게 신기하다. 소음을 삼킨 5월의 초저녁은 개구리 소리에만 온전하게 집중할 수 있는 시간이다.

개구리 소리 하나에만 집중하는 시간이 바로 흩어진 자아를 모을 수 있는 시간이 된다. 아무 소리도 들리지 않아 한소리만 집중할 수 있어 좋다. 방금 밤 기운을 머금으려는 바람이 시원한데 그 바람 타고 들어오는 개골개골 소리가 심장을 때려 깨운 듯 시원하다. 이 단순한 리듬이 하루의 저녁을 평온하게 한다. 귀를 모으게 되는 이 작은 리듬이 하루를 돌아보게 한다.

언제나 그러하듯 5월의 개구리 소리가 참 좋다. 눈감고 듣는 어둘녘의 개구리 소리가 참 좋다. 5월의 개구리 소리가 이 저녁을 참 행복하게 한다.

친구

매년 새해가 되면 어김없이 안부 전화를 하는 친구가 있다. 해가 바뀌면 언제나 올해는 내가 먼저 해야지 생각하고 있다 보면, 영락없이 그 친구의 안부 전화가 먼저 걸려온다. 그 전화는 비록 짧은 것이어도 언제나 내게 머물러 있는 생각을 깨워내는 맑은 전화이다.

전화하는 게 돈이 드는 건 아니다. 그렇다고 무한정의 시간이 필요한 것도 아니다. 간단한 안부와 건강을 챙기고 희망을 전하는 말이면 족하다. 그러나 이 전화 한 통화로 받는 사람에겐 흐뭇한 기억으로 저장되니 얼마나 효율적인가.

친구에겐 네 가지 부류의 친구가 있다고 한다.
첫 번째는 꽃 같은 친구요.
두 번째는 저울 같은 친구요.
세 번째는 산 같은 친구요.
네 번째는 땅 같은 친구라고 한다.

첫 번째 꽃 같은 친구는 내가 소유한 것들에만 따라붙는 친구이다.

친구가 가진 부를 보고, 친구가 가진 권력을 보고, 찾는 친구이기에 그것들이 없어지면 자연스레 떨어져 나갈 친구이다. 즉 꽃이 피어 있을 때만 찾게 되니 그 꽃이 시들면 떠나게 되어 있다.

이런 친구는 마음이 부자인 자보다 가진 것이 많은 자들 속에 서 더 많이 보게 된다. 마음이 가난하니 물질만 보이고, 마음이 보이지 않으려니 시든 꽃 곁에는 더 이상 머물 이유가 없게 되는 것이다.

두 번째 저울 같은 친구는 내게 이익이 되나 손해가 되나만 생각하는 친구이다. 하나를 주면 하나 이상을 바라는 사람. 그러니 하나를 주고도 하나 이하도 받지 못하는 친구하고는 친구가 되려 하지 않는다. 산술적 개념으로 더하고 빼다 보니 사람은 없고 물질만 남게 되는 것이다. 그러니 덧셈 뺄셈에서 손해다 싶으면 떠나게 되는 것이다.

세 번째 산 같은 친구는 멀리 떨어져 있어도 늘 그곳에 있는 친구이다. 찾고 싶을 때면 언제 찾아가도 반겨줄 수 있는 친구이다. 속마음 털어내도 다 들어주는 친구이다. 흔들림 없이 내 편이 되어주는 친구이다. 즉 마음이 변치 않으니 편한 친구이다.

네 번째 땅 같은 친구는 아무 조건 없이 믿어주고 밀어주는 친구이다. 언제나 더 많이 주려는 친구이다. 대지가 하나를 주면 열을 주듯이 엄마같이 무엇이든 주려 하는 친구이다. 이리저리 움직이지도, 변하지도 않아 항상 그 맘이 그 맘인 친구이다. 하고 싶은 게 무언지 말하지 않아도 미리 알아차리는 친구이다.

나는 친구에게 어떤 친구가 되어 주었는가?

친구는 나에게 어떤 친구인가?

매년 새해만 되면 어김없이 먼저 걸려오는 그 친구의 안부 전화를 받으면서 친구에 대해 다시 한번 생각해 보게 되는 시간이다.

중요하지 않은 일의 중요성

사람들은 일을 처리할 때 중요하고 급한 것부터 처리하려고 한다. 그러나 별로 급하지 않아 중요하지 않다고 여겨 늘 뒤로 밀쳐두기만 했던 일들이 자신의 삶에서 더 중요했음을 알고 뒤늦게 후회하는 때가 있다. 늘 가까이 있기에 무심했고, 언제나 그곳에 있을 거라 여기던 사람의 갑작스런 이별에서 많은 걸 반성하게 한다.

그중에서도 제일 뒤로 미루기 쉬운 일이 가족의 일이다. 이 세상에서 제일 가까운 사이 가족.

그런데도 일을 핑계로 종일 얼굴도 못 보고 하루를 한 달을 지낼 수도 있는 가족, 가족이기에 보고 싶을 때면 언제라도 볼 수 있다고 여겨 소홀하기만 했던 가족, 그 가족을 어느 날 볼 수 없게 멀리 떠나 버린다면 그때 가서야 후회하고 통곡해 본들 무슨 소용이 있으랴.

어제 만나 함께 식사를 했고 즐거운 시간도 함께했으니 또 언제든지 만나고 싶을 때 만날 수 있다고 생각했던 사랑하던 가족이 허락도 받지 않고, 그다음 날 이 세상을 떠나 다시는 볼 수 없는 곳으로 가버린다면 가장 가깝기에 늘 그곳에 있을 줄로만 알고 소홀했던 일들을 두고 후회하고 후회해도 그때는 이미 소용이 없게 된다. 언제나 그곳에 있는 줄로만 여기며 내가 찾고 싶을 때면 언제라도 만날 수 있을 거라고 믿었던 가족을 더 이상 못 보게 된다면, 그때 가서 후회한들 무슨 소용이 있을까? 중요하지 않다 여긴 일이 가장 중요하다는 걸 깨치는 순간에서 땅을 치며 후회하지만, 이미 떠난 사람을 만날 수 없으니 어찌하랴. 가족의 만남을 챙기며 살아야 한다.

가까이 있기 소홀하여지기 쉬운 친구 관계도 그러하다. 항상 그곳에 있기에 소홀했던 친구, 내가 필요할 때면 언제나 만날 수 있을 때 만날 수 있다 여기던 친구여서 별로 중요하게 여기지 않던 친구의 만남. 그래서 늘 중요한 일이라 여기던 일에 양보할 수밖에 없는 친구의 만남이 소중하단 것을 알게 될 때는 이미 늦었다.

중요하지 않다 여겨 보고 싶으면 언제나 볼 수 있다 생각하여 차순위로 미뤄진 일들이 더 소중함을 알았을 때는 이미 늦었다. 어제 만났던 친구가 갑자기 세상과 이별했다면, 어제 만났으니 또 시간이 생기면 만날 수 있다 여긴 친구가 하루 만에 더 이상 만날 수도 없게 된다면, 중요하지 않은 일들의 중요성을 깨쳐도 그때는 이미 소용이 없게 된 후다.

살아가면서 중요한 일도 중요하지만, 중요하지 않은 일들도 잘 찾아 챙기면서 살아야 한다. 아무리 바쁜 일상이라도 가끔은 중요하지 않다 생각한 덜 중요한 일들을 챙겨보자. 중요한 일들 사이에 중요하지 않은 일들도 챙겨가며 살자.

개운저수지

옛날엔 저수지로 가는 길은 이리 넓지가 않았다. 언제부터인가 도로 확장이 되어 그 넓은 도로 위로 달리는 차량들이 뿜어내는 매연이 걷는 사람의 코끝을 건드려 옛 추억을 갉아먹는 듯하다. 옛날엔 좁은 흙길이었고 차는 거의 없었다. 옛날 아버지가 운전하는 자전거의 뒷자리에 앉아 행여 떨어질라 아버지의 허리춤을 꽉 잡고 이 길을 올라갔었다. 그땐 저수지에 다 오르도록 지나는 차는 물론, 지나는 사람도 만날 수 없는 한적한 자연 그대로의 흙길이었다. 그길로 달리던 아버지와 난 자연 속에 든 하나의 풍경이 된 듯이 편안해 좋았다.

아파트에 이사 온 지 꽤 오래되었지만, 뒤창으로 보이는 저수지를 보면서 옛 추억이 생각이 나서 그곳에 한번 가 봐야지 했는데 문득 오늘 마음이 동한듯하다. 개운저수지를 가기 위해 언덕배기를 향해 걷는 숨이 거칠어질 즈음 물 담긴 저수지가 보인다. 저수지를 막은 둑이 북쪽으로 넓게 나 있다. 그 둑의 초입 아래가 바로 어릴 때 아버지와 내가 즐겨 하던 낚시터이다. 옛날엔 나무 사이를 헤치며 흙길을 내려간 기억이 있는데, 지금은 돌로 야무지게 축대를 쌓아 잘 정리되어 있어 시야는 넓게 트였지만, 나무들이 없어져 옛날의 정취는 사라져 버렸다. 이곳은 비록 옛 추억 속 그때의 모습이 아니어도 아버지와 나의 추억이 깃든 기억의 장소임엔 틀림이 없다.

그곳에서 걸음을 멈추고 잠시 그때를 그리워한다. 한참을 머물다 다시 돌아 나와 저수지를 오른쪽으로 끼고 큰 도로를 걸어가며 잠시도 저수지에서 눈을 떼지 않은 건 지나는 저수지의 변화를 하나도 놓치지 않으려는 때문이다. 지나는 트럭과 승용차가 쏟아내는 매연을 마시면서도 그 길이 좋은 건 아름다운 저수지 풍광이 좋아 마냥 그곳에만 집중하기 때문이다.

걷다 보니 어느덧 저수지 끝자락에 닿았다. 오른쪽으로 난 굽은 작은 길을 따라가니 저수지 서쪽 편 끝자락이 바로 코앞에 있다. 저수지와 붙어있는 밭을 가로질러 그곳으로 향했다. 반대편 동쪽 둑에서 바라보던 풍광과 둑 반대편인 서쪽 끝에서 바라보는 풍광이 다르다. 같은 저수지인데 보는 장소와 시각에 따라 이렇게 달라 보인다. 사람들도 한 사람인데 보는 각도에 따라 달라 보이는 건 자연과 닮아 있다.

마침 낚시꾼이 사용하다 두고 간 것인 듯 비닐 방석이 먼지를 듬뿍 이고 앉아 있다. 손으로 먼지를 대강 털어내고 그 위에 앉아본다. 이곳에서 보는 풍광은 조금 전까지 저수지를 끼고 걸으며 보던 조각조각의 풍광이 아니다. 길게 늘어져 누운 저수지는 시야를 막힘없이 뚫어 주어 더 시원하다. 저수지 위로 지나는 바람이 작은 파고를 일으키니 물기를 머금은 바람이 코끝에 와닿는 맑은 공기가 참 좋다. 산을 끼고 저수지로 흘러드는 작은 개울 옆 왕버들잎 사이로 가끔씩 지나는 바람 소리가 솨~ 하고 귓불을 감싸고 지난다. 마침 먼 산의 뻐꾸기 소리가 영혼을 맑게 하는 아침이다.

그동안 사느라 추억 따윈 잊고 살았고, 저수지 가까이로 이사 온 지 10여 년이 다 되어도 이곳 찾을 생각도 못 하고 살았는데, 문득 오늘 마음이 동해 찾고 보니 그리움 속 행복에 들게 한다. 아무도 없는 곳에 혼자 앉아 배낭에 싸 온 과일을 꺼내 먹으며, 길게 이어진 개운못의 정취에 취하며 내 속의 나를 들여다본다. 아무도 없는 이곳에 햇볕이 머리를 따갑게 해도 좋은 건 아버지와의 추억을 꺼내올 수 있기에 좋은듯하다.

오늘 하루는 추억을 찾은 이곳에서 또 다른 나만의 추억을 만드는 중이다. 과거는 가버렸다고 하나, 어쩜 오는 것인 줄도 모른다는 말이 맞는 듯하다. 오늘 이렇게 추억으로 찾아오듯이 부르면 언제라도 오는 것임을 깨닫는 하루이다. 추억을 품고 있는 곳에 비록 혼자 왔지만 온전하게 하루가 행복하면 되지 않을까. 더 이상 아무것도 필요하지 않은 행복한 하루이다.

봄

겨우내 쉬고 있던 논을 갈아엎은 땅에 물을 가두어 충분히 물을 먹으면, 그동안 미리 싹을 낸 모판을 사서 이앙기 위에 얹고 논을 왔다 갔다 지나가기만 하면 모가 쏙쏙 자동으로 심어지는 것이 신기하기만 하다. 옛날 같으면 심을 모를 개인이 못자리를 만들고, 볍씨를 뿌려 심을 모를 직접 키워 심었던 시절에 비하면 편하기 그지없다. 공장에서 대량으로 모판을 생산하다 보니, 농민들은 모판을 사다가 이앙기로 심기만 하면 되기에, 모내기하는데 이제는 많은 인력이 필요치 않게 되었다. 옛날엔 모를 심을 때 못줄이 있어 두 사람이 양쪽에서 못줄을 잡으면 칸칸이 매듭지어 표시한 줄을 따라 사람들이 논에 들어가서 손수 키운 모를 손으로 쪄서 가지런히 묶어 예상한 심을 곳에다 군데군데 던져두고 던져둔 모 단에서 모를 조금씩 손으로 떼어서 심었었다. 모를 심는 줄은 못줄을 잡은 두 사람에 따라 바르게도 비뚤어지기도 했지만, 그땐 훨씬 여유로워 바쁘지 않았다.

컴퓨터 앞에 앉아 강의를 듣다가 잠시 창밖으로 눈을 돌리니 그간 모가 제법 자라있다. 한 농부가 비료가 든 바구니를 허리춤에 차고,

모가 심긴 논에 줄을 따라가며 비료를 뿌리고 있다. 한 줌씩 뿌리는 비료가 한 줄이라도 빠질세라 모줄 따라 꼼꼼히 뿌리고 있다. 모가 심긴 줄을 보니 그래도 여유가 있음은 초록의 시원함 때문이리라. 비록 기계로 심은 것들이지만, 직선만 고집 않는 여유가 있다. 비료를 주는 농부의 이마에 땀방울이라도 맺힌 듯 잠시 멈춰 이마에 손을 댄다. 어쩜 지금쯤 농부의 몸은 흥건히 젖어 노동의 행복감에 젖어 있을지도 모른다. 아파트서 내려다보는 힘든 노동의 모습이 한가하게만 느껴지는 건 지금의 내 맘이 편안하기 때문인 듯하다.

작은 농로길엔 자전거가 한 대 서 있다. 자전거는 농부가 타고 온 듯 세워진 채로 옴짝 않고 일하는 농부를 놓치지 않으려는 듯 내려다보며 기다리고 있다. 일이 끝나길 기다리는 충실한 모습이 대견하다. 가끔씩 지나는 미풍이 세워둔 자전거 바퀴 사이를 잽싸게 미끄러지듯 논으로 빠지는듯하다. 농부의 바쁜 모습이 한가한 풍경이 되어, 한가로워 보이는 제법 더운 날씨이다. 농부의 골 깊은 주름은 세월 속 태양을 다 받아 왔기에 어쩜 새까맣게 그을린 건강한 모습이지 싶다. 지금 농부는 가을의 풍요를 꿈꾸며 이마에 흘러내리는 땀따위엔 아랑곳 않고, 수확의 희망에 부풀어 있을지도 모른다. 농부는 봄의 일터에서 가을의 풍요를 품고 있기에 더 행복할 것이다. 봄은 그렇게 가을을 품고 있는 것이다. 봄은 그렇게 풍작을 꿈꾸고 있는 것이다.

상가 수리

쫓기듯 살아온 삶이 습관이 되어 언제나 초초하고 불안한 날들을 안고 살아온 삶의 끝자락에 들면서 갖게 된 평온함이 왠지 생소하기만 하다. 내 마음이 평온하니 세상 모두가 평온해 보인다. 그런 맘을 시샘이나 하듯 어느 날부터인가 건물이 아프다고 소리를 낸다. 한 달 동안 망가진 상가를 수리한답시고 이 겨울 내내 공사 현장에 출근하고 있다. 공사는 업자에게 맡겼기에 나가지 않아도 될 것을 굳이 인부들의 간식을 챙긴다는 핑계를 대면서 매일의 일과로 만들어 버렸다. 먼지 속에 작업하는 인부들을 보며 열악한 환경을 거부 않는 그들의 삶 속의 진한 향기를 본다. 일이 끝나면 돌아갈 따뜻한 집과 가족이 있기에 그렇게 열심히 일할 것이다. 사랑하는 가족을 위해 비산하는 시멘트 먼지 속에서도 열심히 일하는 그들이 아름다워 보인다.

그동안 쓰던 방을 부수고 사무실로 바꾸기 위한 작업으로 콘크리트 벽을 깨는 소음이 귀를 아프게 하는 날이다. 사방으로 흩어지는 뿌연 먼지 속에서 잡고 있는 큰 전기드릴의 충격을 온몸으로 버티는 검게 그을린 작업자의 모습에서는 순교자의 모습이 보인다. 그 순간

만큼은 해탈자의 모습도 보인다. 그동안 쌓는다고 애쓰고 지금은 부수느라 고생이다. 깨지 않고도 변경이 가능한 건축자재가 있었다면 공사가 쉬웠을 터이지만, 그리되면 그들의 일자리도 그만큼 줄어들 것이다.

떼내어 준 공사이기에 굳이 점심을 사주지 않아도 될 처지이지만, 오늘은 점심을 사주기로 했다. 그들이 맛있다고 추천하는 동네에 있는 순대국밥 집으로 향했다.

"돼지 냄새가 나지 않나요?"

"괜찮아요."

"한번 잡숴보시오"

"맛이 좋습니다."

난생처음 먹는 순대국밥이라 다소 걱정이 되었지만, 의외로 맛이 있다. 닭고기 살을 뜯어 넣고 순대와 돼지간이 들어간 순댓국이 느끼할 즈음이면 상큼한 깍두기와 새우젓으로 입맛을 돌려주면 된다. 막걸리 한 잔을 나누며 잠시나마 지금은 그들 삶 속에 들어가 있다.

강산이 두 번이나 바뀐 세월에 건물의 혈관인 상하수도가 고장이 나버린 것이다. 그동안 세입자들이 바뀌면서 자기들 맘대로 끊고 이으며 상처 낸 곳들이 곪아 터져버린 것이다. 옛날에는 3층 정도의 건물에도 수압이 낮아 옥상에다 물탱크를 뒀었다. 지금은 수압이 좋아 직수로도 3층 정도는 거뜬하게 잘 올라간다.

먼저 누수의 원흉인 옥상의 물탱크를 없애고 직수로 연결했다. 계량기에서 새로운 배관을 연결하고 1층 화장실의 변기와 세면기를 교체하니, 쏟아지는 맑은 물이 막힌 몸속을 뚫어주듯 시원하다. 낡은 배관을 통해 졸졸 나오던 병든 탁한 물은 이젠 맑은 물로 바뀌었다.

그동안 여기저기 파고 끊고 엉망으로 병들게 한 배관들은 과감히 잘라 버렸다. 터진 배관에서 조금씩 누수 된 물이 30㎝ 넘게 깔린 2층 바닥 속 모래까지 스며들어 1층 천장까지 흘러내리며 아프다고 했던 것이다. 그런데도 쉽게 고칠 수도 없는 건 세입자가 영업중이었기에 손쓸 수도 없어 임시방편으로 처리하며 버틴 터였다. 그동안 인구 감소에다 경제 불황이 겹친 탓인지 상가가 온통 비워져 이참에 수리를 하게 된 것이다.

세가 나가든 안 나가든 대 수술은 해야 할 터였다. 건물도 사람과 같다. 사람도 잘 먹고 잘 싸야 건강하듯 건물 또한 상하수도가 건강해야 한다. 건물 또한 막힌 곳과 새는 곳을 찾는 것이 내과의의 진단과 외과의의 수술만큼이나 어렵다.

기회

기회에 대한 이야기들은 많이 있다. 대다수의 사람들은 그것이 재빨리 지나치기에 지나간 뒤에야 그때 온 것이 기회였음을 뒤늦게 깨닫게 되고 아쉬워하게 된다. 기회는 갈대에 흔들리는 여자의 마음과 같아서 찾아가 문을 두드릴 때 열어 주지 않으면 금방 마음이 변해 다른 집을 향해 찾아간다고 하기도 하고, 또 기회란 앞에만 머리카락이 있고 뒤에는 대머리라 지나친 후에는 아무리 잡으려 해도 잡을 수가 없다는 것도, 그만큼 기회란 재빠르기에 앞에 왔을 때 알고 잡아야 한다는 뜻일 것이다.

그러나 살아온 삶을 뒤돌아볼 때 생애 주기적 기회는 10년 주기로 찾아오는 것 같다. 10년마다 찾아오는 큰 마디의 산을 어떻게 극복하고 지혜롭게 넘을 것인지에 따라 인생의 성공 여부도 달라지는 것이다. 지나온 세월을 눈 감고 뒤돌아보자. 그 세월의 크기가 조금씩의 차이만 날뿐 세월이 보태어지면서 인생의 변환 시기는 잊지 않고 찾아옴을 깨달을 수가 있고, 그 속에 일정한 사이클이 있음을 세월이 한참이나 지난 뒤에야 알게 된다. 해서 인생에 세 번 온다는 큰 기회를 잡기 위해선 10년마다 넘어야 할 작은 기회의 산을 지혜롭게 잘 넘을 수 있어야 그 세 번에 걸쳐 찾아온다는 큰 기회와 만날 수 있게 될 것이다.

그렇다고 기회란 눈 크게 뜨고 제자리에 앉아 기다린다고 절대로 찾아오진 않는다. 그 기회를 잡기 위해선 기약 없이 마냥 기다릴 게 아니라 최소한 어제의 나 보다 오늘의 내가 나은 사람이 되기 위해 끊임없는 노력을 해야 할 것이다. 거대한 큰 계획보다 하루하루의 삶에 충실하는 것이다. 남과 비교하며 자신을 괴롭히는 데 에너지를 소비할 게 아니라, 오직 나 자신의 발전을 위한 하루에 충실하며 최소한 어제의 나 보다 오늘의 내가 더 나아져 있음에 감사하며 최선을 다하다 보면 기회는 당신에게 찾아와 노크할 것이다. 그때 찾아온 기회를 서슴없이 힘껏 잡으면 될 것이다. 기회는 이렇게 준비된 자만이 잡을 수 있는 것이다. 당신도 매일을 충실하다 보면 어느 날 찾아온 기회를 잡을 수 있을 것이다. 이렇게 기회가 내게 오는 건 우연이 아님을 안다면 하루의 작은 것에 충실해야 할 것이다. 이렇게 기회란 준비된 자만이 잡을 수가 있는 것이다.

어떤 수혜자

1998년 12월 어느 날 회원들과 함께 담은 김장을 직접 전해주기 위해 신청받은 지역의 집들을 하루에 몰아서 돌다 보니 늦어져 밤이 되어 도착한 옥산의 한 수혜자의 집. 이른 겨울이라 일찍 어둠이 내린 탓인지 캄캄해진 수혜자의 기와집은 찬 별빛과 초승달이 비추고 있어 더 차갑게 느껴지는 초 겨울밤이다. 옥산의 회원과 함께 수혜자 할머니가 사는 집에 도착했을 때는 이미 겨울밤이 짙어진 깜깜한 시간이 되었다. 그곳엔 큰 기와집이 달빛을 안고 을씨년스럽게 앉아 있고, 대문도 없는 집 마당에는 본체가 내려앉아 흙과 먼지를 품고, 찬 달빛 아래 을씨년스럽게 노려보듯 내려 보고 있고 무너진 건물의 잔해들이 여기저기 어지러이 엉켜있다.

기척이 없는 집에 한참을 서 있다가 어둠에 익숙해져 돌아보니 구석진 곳에 조그만 사랑채(곳간 같았다.)에서 새어 나오는 희미한 불빛이 보인다. 그 방 앞으로 다가가 주인 계시냐고 불러보지만 기척이 없다. 그곳은 옛날에 어쩌면 주인이 부리던 일꾼이 살던 별채인지도 모른다.

"주인 계세요"라고 몇 번을 부르자 모깃소리처럼 가느린 인기척이

난다. 문고리를 살짝 당기니 그곳에 누운 할머니는 희미한 등불만큼이나 힘이 없다. 이불 하나가 방안 가득할 정도의 작은방, 그 좁은 방에는 온기라고는 조금도 느낄 수 없는 방, 아랫목에 낡은 솜이불을 뒤집어쓰고 웅크려 누워있는 왜소한 할머니의 방에는 찬 기운을 조금이라도 막아 보려는 듯 온갖 옷가지가 어지럽게 방안 가득 늘려져 있다. 방문 앞 윗목에 놓인 작은 상위에는 빈 밥그릇에 말라붙은 밥알들이 지금 할머니가 몇 끼니를 굶었는지를 말해주는 듯하다. 이렇게 사는 사람이 지금까지도 있다니 놀라 추위도 잊어버린 채 죄스러운 마음으로 문밖에 서서 위로의 말을 못 찾아 갖고 간 김장김치를 전해주던 일. 어쩜 옛날엔 그 집 일꾼이 살았을 법한 자그마한 별채. 그곳을 지금은 늙고 병든 안주인이 늙은 노인 되어 혼자 외로이 살고 있는 것이다. 자식이 있어 기초생활수급자 신청도 안 된다는 그곳 봉사자의 말에 봉사의 한계를 실감했던 일이 생각난다.

지금은 복지정책이 나름대로 잘되어 있어 노인 기초연금과 노인장기요양보험과 각종 노인 시설들의 증가로 이런 모습은 볼 수 없게 되었으나, 그런 지금에도 가끔씩 떠드는 복지 사각지대는 앞으로 해결해 나갈 대승적 문제이다. 그동안 바쁜 생활 탓에 그날 일을 잊고 있었는데, 어느덧 그날 할머니의 나이를 따라가며 뒤돌아 많은 걸 생각하게 되기에 늘 검소하길 노력한다. 노력하지 않아도 불행을 안을 수 있지만 노력한다고 불행을 막을 수는 없기에 사람들은 순간순간을 그렇게 후회하고 반성하고 뒤돌아보며 늙어 가나보다. 자식이 있다 해도 나이 듦은 슬픈 것이다.

살아가는 이유

막내가 첫아이를 가졌을 때 총재를 한다고 돌아다니느라 엄마 노릇도 제대로 못 한 것 같아 항상 마음속에는 늘 부담으로 자리하고 있었다. 그 애가 다시 둘째 애를 가지면서 심한 임신구토와 첫째를 위한 육아 부담까지 겹쳐있어 당분간은 막내 집에서 지내기로 마음먹고 그 애 집에 머물고 있다.

막내는 석양이 아름다운 호수가 내려다보이는 아파트로 이사를 했다. 그 호수 앞으로 난 철로로 매시간 기차가 떠나고 들어오는 작은 역이 있다. 저녁노을을 끼고 있는 호수 앞으로 달려 나가는 기차는 많은 것을 느끼게 한다. 언젠가는 나도 모든 걸 놓아둔 채 기차처럼 그렇게 떠나갈 것이다. 내게 인색했던 아쉬움은 있어도 참으로 후회 없이 살아온 내가 자랑스럽다.

하늘 부끄럼 없이 살아 온 것도, 삶에 충실할 수 있었던 것도, 모두가 곁에 있어 준 애들 덕분이다. 그들에게 본보기가 되는 삶이 되도록 노력한 것이 바르게 살게 된 것이 아닌가 한다. 나를 지킬 수 있게 늘 곁에 있어 준 애들에게 감사한다. 모진 세상 속에서도 굳세게 살아갈 수 있었음도 다 아이들 덕분이다. 세상 속 어려움을 버티게 해준 것도 다 아이들 덕분이다. 혼자 두 몫을 다하느라 숨이 목에 차도록 뛰어도 힘든 줄 몰랐던 건 다 아이들 덕분이다. 살아가는 내내 그들이 곧 나의 희망이었으니 아무리 힘들어도 견딜 수 있었을 것이다. 내가 살아가는 이유는 다 아이들 때문이다.

그러나 이제는 성인이 다 된 자식을 품 안 자식으로 보게 되는 이 마음을 돌려야 한다. 괜한 우려감에 옴짝옴짝하는 이 마음도 잡아두어야 한다, 아무리 커도 자식은 부모 눈엔 유치원생으로 보인다 하지 않는가? 이제 커서 각자의 가정을 가지게 되었으니 조금은 곁으로 밀려서도 될 듯하다. 이제 몸은 늙어 아이들 삶의 곁에 조용히 서 있는 배경이 되어야 할 것이다. 사사로운 참견이 간섭이 됨을 알아야 한다. 이제는 그냥 뒤편에 서서 참고 지켜보는 데 익숙해지도록 노력해 가야 한다.

몸이 따라 주지 않아도 손주의 재롱 보는 맛에 새로운 사랑에 푹 빠져 있다. 노년에 삶의 기쁨이 손주와의 사랑일 거라 우기면서 지금부터는 행복해도 된다고 생각한다. 열심히 앞만 보고 살아왔지만, 뒤돌아보니 이런 것들이 바로 내가 살아가는 이유이다.

친구에게

보내고 싶진 않아도 묵은해는 가버리고, 초대하지 않아도 새해는 어김없이 찾아오는구나. 비록 기약할 수 없는 날 속에 내일 당장 어찌 될지도 모를 황혼에 모두 서 있지만, 남은 날이 얼마일지는 걱정 말고 만나는 날이면 그냥 웃자. 그간 새끼들 키우느라 바쁘게 산 세월은 그냥 과거 속에 흘려보내자.

행복과 불행은 그 크기가 같아 올라가면 내려가고, 내려가면 올라가는 그 높이와 깊이가 같아 결과치는 제로라고 한다. 그러니 영원한 행복도, 영원한 불행도 없다는 것이다. 어떤 시련이 황혼에 느닷없이 찾아와도 상심만 하지 말라는 것이다.

사람들은 기억하는 게 많으면 많을수록 시간이 느리게 느껴져 젊어진다고 한다. 종일 방콕하다 보면 하루가 후딱 지나가는 느낌은 바로 반복되는 일상적 일만 있고, 기억할 새로운 그 어떤 것이 없기 때문이라는데……. "적어도 1년에 한 번 정도는 한 번도 가보지 않은 곳을 찾아가는 것이 정신건강에 좋다."고 한 달라이 라마의 말처럼 그나마 우린 그걸 할 수 있으니 행복하다 할 수 있겠지?

1년이 다르게 변해가는 육체의 빈틈을 비집고 들어앉는 아프게 하는 놈들이 삶을 쳐지게 하더라도 친구 삼아 달래고 얼레며 젊어 못다 한 일들을 찾아 다소 유치하게 놀도록 하자. 가는 세월 잡을 수도 없으니 그냥 가게 버려두고, 느리더라도 추억거리를 부지런히 만들어 나가자.

우리 사이엔 점잔 빼고 앉아 있지 않아도 되고, 그래서 너무 편안하지만 그 어떤 선은 넘으려 하지 않고, 상처 주지 않으려는 성숙함은 모두가 지난날을 진실 되고 열심히 충실히 살아온 것 같아 다음 만남이 기다려지는 것 아니겠는가. 지금까지도 소녀 감성을 잃지 않고 있다는 건 분명 너희들의 장점일 것이다. 주름살은 숨길 수 없지만 만나면 그냥 웃자.

늙지 않는 비결은 추억을 많이 만드는 것이라는데 많이 보고 느낀 것들이 기억 속에 많을수록 사람을 젊게 한다고 하니, 우리 모두 소소한 만남의 빈도만큼은 늘려가자. 그러기 위해선 자기 건강은 자기가 지켜야 된다. 남의 도움 없이 혼자 걸을 수 있어야 추억 쌓는데 함께 하지 않을까? 젊어 못해본 유치한 것들로 말이다.

인생은 고해

살아있다면 한두 가지의 걱정거리를 갖지 않는 사람은 없다. 왜냐하면 삶의 과정에는 항상 즐거움과 고통이 함께 하기 때문이다. 신은 인간이 자만할 때마다 한 번씩 찾아와 나락으로 떨어뜨려 화들짝 놀라게 해 정신을 차리게 한다고 한다. 이때 더 이상 떨어질 곳이 없는 곳까지 떨어지면 올라올 수 있는 건 본인만이 할 수 있게 한 것이다. 올라오는 걸 남은 대신해 줄 수는 없는 것이다. 희망이란 단어는 찾을 수가 없는 어둡기만 한 그곳에서의 고통은 이루 말할 수가 없기에 죽고 싶다는 충동으로 자칫 자살로 이어지기도 하지만, 대다수의 사람들은 그것을 극복하며 스스로 일어선다.

신은 인간에게 고통을 줄 때 그 사람이 견뎌낼 수 있을 만큼만 준다고 한다. 이때의 겪는 고통의 크기에 따라서 자기를 가장 잘 들여다볼 수 있는 절묘한 기회가 되기도 한다. 그렇다고 어려울 때 도움의 손길을 거부하며 못 본체 곁을 떠나버린 주위 사람들만을 원망하는 건 자신에겐 아무런 도움이 되지 않는다. 어려울 때 아무런 도움도 주지 않고 내게서 모두 떠나가 버리는 외로운 이 순간이 가장 신과 가까이해주는 시간이기에 오히려 그런 사람들에게 고마워해야 한다. 이때의 절박함과 절실함이 자신에게 진실 된 기도가 되어 평소 잊고 있던 신과 만날 수 있는 소중한 순간으로 다가오니 말이다.

사람의 힘으로 될 수 있는 건 이 세상에는 많고도 많다. 노력만으로 이룰 수 있는 것 또한 많다. 그러나 삶 속에는 살면서 사람의 힘으로도 해결하지 못하는 어려운 일들이 있다. 그런 힘든 일은 어느 날 갑자기 쓰나미가 덮치듯 찾아와 모든 희망을 쓸어 가버린다. 이때엔 예상 못 한 상황이라 당황한 나머지 자칫 길을 잃고 우왕좌왕 헤매기 십상이다. 이때는 이미 정신도 육체도 놀라 기진해 버렸으니 인간의 노력만으로 해결할 수 있는 것이 아무것도 없음을 깨닫게 되면서 홀로선 외로움에 갇히게 된다. 그곳에서 짧게는 몇 날에서 길게는 몇 달, 몇 년까지 그곳에 버려진 외로움은 오직 신만이 손을 잡아줄 수가 있는 것이다. 그러니 스스로 기도하게 되는 그날부터 놓쳤던 마음을 찾아오며 신께 가까이 가게 되는 것이다.

그러나 신과 만날 수 있는 행운은 아무에게나 오는 게 아니다. 그러니 나락으로 떨어진 고통 속에서만 신과 만날 수 있으니 한편으론 내게 닥친 고통에 오히려 감사해야 한다. 평생을 살아가면서 신과 만나는 행운을 몇 번이나 가질 수 있을까? 다섯 손가락 안에 꼽을 정도로 적을 수도 그보다 더 많을 수도 있다. 평생을 살아가며 크고 작은 많은 일들을 겪으면서도 절박하게 신을 찾게 되는 사람들은 많지가 않다. 살아가며 사람의 힘으로 어떻게 할 수 없는 일과 만날 때, 사람의 노력으로 해결할 수 없는 일이 생길 때, 그때 마지막으로 신께 매달리게 된다. 그러면서 사람들은 절실하게 기도하게 되며 또 하나 고난의 힘든 강을 건너가게 되는 것이다.

자원봉사

재미있는 글이 있어 소개하고자 한다. 1998년도에 하버드 의대서 한 실험을 했다고 한다. 1그룹은 돈을 주고 일을 시키고, 2그룹은 돈을 주지 않고 무보수로 일을 시킨 뒤 며칠이 지난 후에 면역항체 검사를 했다고 한다. 돈을 받고 일을 한 1그룹보다, 무료로 봉사한 2그룹에서 나쁜 균을 물리치는 항체가 월등히 높아진 걸 확인했다고 한다.

이 실험 결과를 보면 암 선고를 받은 사람이 남을 위한 봉사활동을 하면서부터 암이 점점 나아졌다는 것이 다 근거 없는 말은 아닌 것 같다. 이는 남을 돕거나 봉사를 하면 심리적인 포만감인 Helper's High*가 최고조에 이르기 때문이라고 한다. 그러니 봉사를 하면 즐겁게 되고 행복하게 되는 것이다. 이렇게 남을 위한 봉사인 줄 알았는데 실은 자신을 위한 것임을 과학적으로 입증해준 것이다.

봉사 현장에서 흔히 자원봉사자들과 하는 인터뷰 중에서도 많은 사람들이 말하는 남을 위해 봉사하면 실은 내 자신이 더 행복해지고, 아울러 내 집안의 우환도 사라지더라는 말이 어쩌면 과학에 근거한 것과 일맥상통하다고 할 수 있다.

만약에 지금 당장 밝은 햇빛과 아름다운 자연을 못 보게 된다면, 내게 남겨진 시간들이 얼마 남지 않았다면, 그래서 남은 시간들이 내게 주어진 부가적인 선물이라 생각이 든다면, 어쩌면 우리는 남는 자투리 시간도 헛하게 보내지 않으려 할 것이다. 다산 정약용 선생은 '재물을 비밀스레 간직하는 것 중에서 베푸는 것만 한 게 없다'고 했다 한다. 이는 '재물로 남을 도우면 흔적 없이 사라질 재물들이 받은 사람의 마음과 베푼 사람의 마음 모두에 깊이 새겨져 있어 변치 않을 보석으로 영원히 남아 있기 때문'이라고 한다.

이제라도 늦지 않았으니 봉사를 생활 속에 함께 해보자. 그게 거창하게 큰 것이 아니어도 내 주위의 아주 작은 것들을 찾아본다면 많은 것들이 보일 것이다. 그리고 봉사하는 새로운 세계의 행복감과 만나 보시길 바란다. 그리고 그다음에는 봉사하는 행복감을 흔쾌히 받아들이면 된다. 봉사란 밝은 사회를 위해서도, 자신을 위해서도 바람직한 활동이라 생각된다.

* Helper's High : 다른 사람들을 도와줄 때 종종 따라오는 기력의 증가와 기쁨의 감각.

진정한 승리자

진정한 승리자란 남을 이긴 자가 아니라 자신을 이겨낸 자이다. 즉 자신 속에 숨겨진 미움과 분노를 이겨낸 자가 진정한 승리자가 되는 것이다. 그러나 지금은 상대적 빈곤의 시대에 살고 있다. 모든 것을 남과 비교하다 보니 남이 갖고 있는 것보다 더 갖고 싶고, 남이 하는 것보다 더 잘하고 싶어지는 것이다. 자신이 갖고 있는 수많은 것들을 보지 않고, 남이 갖고 있는 것만 보려니 늘 고픈 상태가 되는 것이다. 늘 상대와 자신을 비교만 하다 보면, 자신을 점점 더 작아지게 만드는 것이다. 이렇게 작아진 나를 보며 막상 자신 속에 무한한 능력이란 보석이 있었는지도 찾을 생각도 않은 채 평생을 살아갈 수도 있게 된다는 것이다.

세상의 이치란 게 비워둔 만큼 채워진다는 건 하도 많이 들어 너무나 잘 아는 사실이다. 비운만큼 채워 준다는 건 그것이 생각이든 물질이든 간에 이는 절대 불변의 이치이다. 이처럼 비워낼 생각은 아니 하고, 남과 비교하고 따라가며 채우려고만 하니 삶이 곤궁해져 온전한 나의 삶을 살아갈 수가 없게 되는 것이다. 즉 내 소중한 내 삶이 남에게 맡겨 놓은 하찮은 삶으로 퇴락하는 것이다. 눈, 귀가 보여주는 대로 보지 말고, 들리는 대로 듣지 말고, 오직 내 속의 참 나가 어떻게 하고 싶어 하는지를 알아차려 잘 정리해 나가느냐가 중요하다.

타인을 기준으로 삼다 보면 내 중심점을 세울 수가 없으니 제대로 된 나의 그림은 그릴 수가 없게 되는 것이다. 상대에게 보이는 기준에 못 맞추게 되면 열등감에 자신을 학대하며 괴롭히게 되니 하루가 지루해진다. 타인의 기준이 아닌 내가 기준이 된 굳건함으로 중심점을 잃지 않고 살아간다면, 내 속에 숨어있는 능력이란 숨겨진 보석과 만날 수 행운을 얻을 수가 있을 것이다. 내 속의 참나가 정리해 주는 대로 산다면 분명 내 속의 보석인 나의 능력을 찾을 수가 있을 것이고 그런 자가 진정한 승리자가 될 것이다.

남을 따라가는 자가 아닌 내가 나를 이끄는 사람이 되어야 한다. 그리하면 그 어떤 바람에도 흔들림 없는 자신과 만나게 될 것이다. 두발에 힘주어 똑바로 서라. 그리고 중심점에다 몸이 흔들리지 않게 세워 힘껏 버티어라. 중심점을 똑바로 세웠으니 지금부터 그리는 그림은 내가 바로 그리게 될 것이다. 그날이 언제이던 분명한 건 성공한 나와 만날 수가 있다는 것이다. 그리하면 실패자는 없고 승리자만 있다. 비교하지 않으려니 참나가 보이고, 따라가지 않으려니 내 길이 보이고, 내 길이 보이니 자연히 노력을 쌓게 되니 하루가 즐거워질 것이다. 이제 행복이 멀리 있지 않았음도 알았으니 바로 인생의 승리자는 자신이 될 것이다. 진정한 승리자란 자기 속에 숨은 또 다른 자신을 이겨낸 자이다. 가장 힘든 적이 바로 내 속에 있었음을 이제 알았으니 지금부터는 당신이 바로 진정한 승리자이다.

6부

칠순에 내게 쓰는 편지

직함에서 벗어나라

사람이 태어날 때의 아기 모습은 천사의 모습이지만 주먹은 한껏 움켜쥐고 태어난다. 걸음마를 시작으로 노력에 의한 학습으로 취해지는 수많은 것들이 있고, 자기의 의지완 상관없이 취해지는 것들도 많고 많다. 그것 중에는 자기 성취를 위해 더 많은 것들을 취하려고 평생을 한곳에 빠져 보내기도 한다. 늙어서 돌아보면 이렇게 긴 세월 동안 주워만 담았으니 얼마나 많은지 놀랄 만하다. 마지막 죽음을 맞이할 때 노인의 두 손이 펴져 있는 건 지금까지 취한 모든 것들을 놓았기 때문이다.

그 어떤 소유도 죽음과 함께할 수 있는 건 하나도 없다. 그러나 살아있는 한은 계속해 취함을 이어간다. 차이가 있다면 크고 작음의 차이일 뿐이다. 유형인 것들에서 무형의 것들과 선의의 것이든 악의의 것이든 간에 알게 모르게 채워졌으니 욕심이란 바구니 안에 아마도 가득 차 있을 것이다.

물질적인 것의 줄임은 순차적으로 해나가면 될 것이고, 정신적인 것을 위해선 나눔을 실천하면 된다. 직함을 갖기는 어렵다. 그러나 그 직함을 놓기란 더 어렵다. 자의든 타의든 놓는 것이 취하는 것 보담 어렵다. 이는 부단한 자기 결단이 필요하기에 그러하다. 이는 마음속에 꼭 따라붙는 미련이란 놈이 발목을 잡고 늘어지기 때문이다.

'70살이 넘어서까지 어떠한 직함을 갖는다는 건 자신에게 무척이나 수치스러운 일이다'고 한 법정 스님의 글이 많은 것을 생각게 하는 대목이다.

직함이란 어떤 것의 대표함을 말한다. 대표하는 직함을 이제는 놓으라는 거다. 그 직함에 미련을 가지고 어영부영 버티다간 보탠 나이에 실수가 보태어 자칫 추잡해 보일 수가 있다. 직함을 버리기 위해 해야 할 건 빠른 시간의 흐름에 익숙해져야 한다. 빠르게 변하는 세월의 속도에 익숙해져야 한다는 것이다.

육체란 놈은 앞으로 빠르게 달리고 있는데, 마음이란 놈은 뒤에 쳐져 당최 따라오려 하질 않기에 그럴 때마다 뒤처진 마음이란 놈을 조금씩 앞선 육체쪽으로 당겨 와야 한다. 그렇지 않으면 제 분수도 모르고 엉뚱한 일을 하게 될지도 모른다.

마음이란 놈은 과거 속에 머물러 있길 좋아하기에 그놈을 현실로 데려오는 건 어렵고도 어렵고, 힘들고도 힘들다. 그러나 가끔은 정신을 차려 뒤처진 마음을 조금씩이라도 나이쪽으로 끌어 와야 한다. 그러려면 자기가 갖고 있던 직함에서도 자유로워져야 한다. 그 어떤 직함에서도 하나둘 벗어나야 한다.

그 나이가 되도록 아직도 갖고 있는 직함이 많다면 과감히 놓아 나가야 한다. 그곳을 떠나야겠다는 마음을 먹기를 수십 번 했다면 그곳을 떠나는 것이 맞다. 그래도 그곳을 떠나지 못하고 아직도 머물고 있다면 어느 순간 다시 떠나고 싶다는 생각이 들 때 그때는 무 자르듯 매섭게 끊고 떠나야 한다. 그렇지 않고는 그곳에서 떠날 수가 없다. 내가 없어도 대신할 사람은 이 세상엔 많고도 많다. 세월은 흘러 벌써 석양에 닿았는데, 아직도 직함에서 벗어나지 못함은 욕심 때문이다. 미련 갖고 그곳에 계속해서 머물다간 실수하기 쉽고, 자칫 고집을 부리다 왜곡된 판단으로 일을 그르치기도 쉽다. 아무리 어려워도 하나둘 놓다 보면 언젠가는 직함을 놓은 홀가분한 노년의 삶을 누릴 수가 있지 않을까 한다.

그리하면 살아보지 않은 세월이 어떤지 모르고 덤비는 젊은이에게 홀대받을 필요도 없으니 스트레스 또한 없게 된다. 이건 내가 끊어내는 것 보담 남이 끊어내 주는 게 어쩌면 더 부담이 없어 좋다. 포기한다는 이미지가 없으니 더 자연스럽다. 매섭게 끊은 후엔 뒤도 돌아보지 말고 서둘러 그곳을 벗어나야 한다. 멈칫거리다간 미련이란 놈에게 또다시 발목을 잡혀 머물게 될지도 모르니까.

그리고는 이제는 앞선 자리가 아닌 뒤에 선 자리에서도 얼마든지 할 수 있는 역할이 있을 터이니, 그냥 그렇게 뒤편에 조용히 서 있는 배경이면 족하다. 패기와 용기만 믿고 앞으로 내달리는 젊은이들께 훤히 보이는 일들을 시시콜콜 따질 필요도 없다. 그들도 나이를 보태가면서 실패하고, 경험하고, 지혜를 쌓으며, 내가 그랬듯 자연스레 같은 길을 갈 테니 버려두고 직함을 끌어안고 헉헉거리는 추한 노인으로는 살지 말라. 칠순이 넘어서면 직함에서 벗어나 자유로워져도 된다.

여백증후군에서 벗어나라

급변하는 경쟁 시대를 살아가자면 자의든 타의든 간에 누군가와 경쟁을 하며 살아간다. 경쟁자가 되기도 하고 때론 경쟁의 대상자가 되기도 하면서 무언가든 해야 되고 무언가 하지 않으면 뒤처질 것 같은 불안감에서 생긴 조급증을 여백증후군이라 한다.

어제의 나 보다 오늘의 내가 더 나아지기 위해서 또는 남보다 더 앞서겠다는 각오로 쉼 없이 뭔가를 찾아 노력해야만 한다. 그것이 어떤 성취감으로 이어질 수도 있고, 때론 좌절에 빠지게 할 수도 있지만, 쉴 사이 없이 그 뭔가를 해야만 마음이 편해지는 것이 탈이다. 경쟁자를 이기기 위해 밤잠 설쳐가며 노력한 대가가 큰 성과로 나타날 때는 성취감에 기쁨을 만끽하기도 한다.

그러나 노력만큼 결과가 못 미칠 때는 좌절감에 더욱더 여백의 시간을 못 견뎌 하며 뭔가를 계속하려고 한다. 허지만 이제부터는 여백의 시간을 두려움의 대상이 아닌 내가 가장 반갑게 맞아들이는 대상으로 바꿔 보라. 시간의 여백을 두려워하지를 말라. 이제는 그 여백을 즐기되 여백 속에다 나를 그냥 던져두어라. 때와 장소에 따라서 생기는 여백을 편하게 맞아들이기만 하면 된다. 그 여백의 공간에서는 차라리 그냥 생각 없이 멍 때리고 있어도 좋다.

빈 시간에서 아무것도 하지 않고 있어도 좋고, 경쟁을 위한 것이 아닌 온전한 나를 위한 그 어떤 것이어도 좋다. 빈 시간을 알차게 채우려던 옛날의 욕심에서 이제는 벗어나야 한다. 경쟁하기 위한 것에서는 벗어나야 한다. 비록 일의 결과가 하찮더라도 마음의 부담감을 떨쳐낸 가벼움으로 전부 채우려 하지 말고, 작지만 행복한 그런 나를 만들어 가야 한다.

결과에 대한 기대를 버리면 여백이 오히려 고마워질 것이다. 모처럼 생긴 시간의 여백에는 친구를 초대해도 좋고, 짬이 난다면 서점에 들러 보고 싶은 책을 찾아보는 것도 좋고, 한가하게 혼자 걸어도 보고, 걷다가 힘들면 그냥 길가의 벤치에 앉아 지나는 사람들의 삶을 유추해 보는 것도 좋다. 이런 나를 위한 소소한 것들이 바로 여백을 다 채우지 않고 즐기는 방법이다. 100%의 완벽함에서 벗어나라. 좀 은 모자란 나로 살아도 좋다. 모자람은 모자람대로 인정해 주고, 실수는 실수로 인정한다면 채우지 못했던 과거에 머물러 있을 필요는 없을 것이다.

뭔가로 채우지 않으면 조급해지려는 마음이 생기면 다 잡아 그냥 그 자리에 편하게 두기만 하면 된다. 내가 아니면 안 된다는 생각은 버리고 멀리서 관망하는 방관자의 자세가 되어 보는 것도 좋다.

여백이 두렵지 않으니 마음 또한 편안해져 노년의 삶이 훨씬 맑아질 것이다. 모처럼 생겨난 하루의 여백을 그냥 즐기라. 그리고 여백의 행복을 맘껏 누려라. 그리고 지금부터라도 여백증후군에서 벗어나라.

부채를 남기지 말라

살아오면서 좋은 일 궂은일을 셀 수 없이 많이 겪었다. 돌아보면 내가 도움을 준 일도, 도움을 받은 일도 많고 많다. 그러나 이제부터는 베푼 것은 접어두고라도 빚진 것은 메모해 두고 하나씩 갚아 나가야 한다. 그중에는 말로써 진 빚도 있을 것이고 물질적 빚도 있을 것이다.

무심코 뱉어버린 말이 상대에게 얼마나 큰 상처를 주었을지 돌아보고 생각나는 대로 사과를 해나가야 한다.

물질적인 빚은 형편이 되는대로 조금씩 갚아 나간다. 한꺼번에 다 갚진 못하더라도 마음먹고 조금씩 찾아 갚아 나간다면 죽기 전까지 아마도 상당액을 갚을 수 있지 않을까 생각한다. 그것은 굳이 금액으로 따져서 받은 것과 똑같지 않아도 된다. 그 금액이 클 수도 작을 수도 있다. 단지 갚아야겠다는 의지만 있다면, 나의 형편대로 조금씩 그 빚을 줄여나갈 수 있을 것이다.

그렇지 않게 된다면 미래의 빚으로 남아 자식에게 대물림될 수도 있다. 예를 들면 음식을 받고도 빈 그릇 돌려준 것도 빚이고, 차를 얻어 타고도 당연한 양 고맙단 인사 못 한 것도 빚이다. 음식 대접을 받고도 갚지 않음도 빚이고, 사실 확인도 없이 남의 말에 동참한 것도 빚이다. 남을 오해했던 것도 빚이고, 미워한 것도 빚이다. 왕따 시킴을 방관한 것도 빚이고, 약속 지키지 않음도 빚이다. 나와 남과의 차이를 차별한 것도 빚이다. 돌아보면 지금까지 살아오면서 갚아야 할 빚은 많고도 많다.

이 빚을 다 갚을 수 있다면 좋지만, 이 모든 걸 다 갚을 순 없을 것이다. 그러나 죽기 전까지 다 갚을 순 없겠지만, 갚겠다는 생각을 가지고 있다면 기회가 왔을 때나, 대면 시에 조금씩 그 빚을 줄여나가면 된다. 그리하다 보면 내 마음의 무게를 줄여주어 자신을 맑게 해줄 것이다.

미래는 기약할 수조차 없다. 이는 누구나 불확실한 시대에 살고 있지만 노인은 젊은이에 비해 상대적으로 기약할 수 있는 기일 또한 짧음은 확실하다. 지나온 길을 돌아보아 받기만 했던 널려있는 세세한 빚부터 줄여나가도록 노력한다. 하나씩 하나씩 줄여가다 보면 내가 마지막에 갈 그곳으로 좀 더 홀가분하게 떠날 수 있지 않을까 한다. 나의 빚은 나의 것이니 내가 갚고 떠나야 한다. 빚을 자식에게까지 대물림을 하진 말아야 한다.

고문이 되어라

나이 들어가는 사춘기 아이를 가지고 있는 중년의 자식들에게 효도를 기대하지 말라. 자식들도 힘들다. 내가 그리 살았듯이 그들도 시행착오를 반복하고, 반성하며, 경험을 쌓으며, 지혜를 만들어 가며 그들만의 역사를 만들어 가고 있는 중이다. 그들만의 작은 우주를 꾸려나가느라 현재와 미래를 오가느라 힘들 때이다. 그러니 감히 그들만의 우주 속엔 들어 갈려고도 하지 말라. 충언이라 생각한 것이 잔소리가 될 수 있기 때문이다.

멀리 떨어져 바라보는 그리운 별이 되어라. 보고 싶다면 볼 수 있는 자리에 떨어져 가만히 있어 주면 된다. 자식도 지금껏 내가 겪은 삶 속의 힘든 과정들을 열심히 따라가고 있는 중이다.

아이를 갖는 설렘과, 탄생의 기쁨과, 걸음마를 배우며 뒤뚱거리며 걷는 오리 같은 모습에 기뻐하며, 말문이 트이면서 하는 엄마 아빠라 부르던 첫소리의 감동과 기쁨과 희망을 주던 그 시절만으로 만족하라. 자식이 준 효도는 어리던 그때 다 받은 것이라 생각하라. 그러니 그때의 그 기쁨만을 기억하며 살라. 아이들이 크면서 사춘기가 되면 자기들이 부모에 한 것과 똑같은 행동을 하는 것을 본다. 그때서야 자기 사춘기 시절을 돌아보며 부모가 가슴 아파했을 거라며 이해하게 된다.

신체적 변화에 대해 모든 것들이 궁금해지는 사춘기의 자식은 부모의 관심에서 떨어지고 싶은 마음이 생기면서, 모든 소리가 다 잔소리로 들리게 되어 아예 귀를 막고 듣지 않으려 함도 옛날의 자신과 닮은 모습이다.

인생이란 시행착오를 겪어가면서 성장해 간다. 아프지 않으면 클 수가 없다. 대나무가 마디마디 성장통을 겪으면서 커가듯이 마음 또한 아픈 과정을 거치지 않으면 클 수가 없다. 그들도 지금 사춘기를 맞은 자기 아이를 통해 한 단계 성장해 가는 중이라 힘들다. 그리고 하루씩 시간을 보태며 늙어가고 있는 중이다. 내가 겪었던 수많은 시행착오의 아픔과 기쁨의 과정들을 자식들도 지금 터득해 가며 깨치고 살아가고 있는 중이다.

자식은 평생 동안 하는 짝사랑이라 하지 않는가? 그냥 주어라 그게 사랑이든 뭐든, 주는 것으로 만족하고 준 것을 기억하려 하지 말고 잊어버려라. 준 것을 조목조목 따지다 보면 노후가 행복해질 수가 없다. 받는 사람이 당연하다 여기니 조목조목 따지려 해도 기억조차 하지 않는다.

기억이란 놈은 자기가 기억하고 싶어 하는 것들을 기억한다지 않는가. 좋은 것보다는 서운한 것이 기억 속에 더 오래 남는 법. 그러니 자식이 부모의 속마음 다 알아주지 않는다고 서러워하지도 마라. 자식이 기억하는 건 어떤 형태로든 기억하고 싶은 것만 기억하는 자식의 마음이다. 내가 그리했듯 단지 지금은 모를 뿐이다. 내 나이 될 때 가서야 깨치든 후회하든 다 그들 몫이다. 못 알아준다고 서러워할 것도 없다.

주는 사랑을 왜곡되게 기억되는 설움을 잘 넘겨야 노년이 편하다. 자식이 20대가 되면 부모는 고문이 되어야 한다는 말이 있듯이, 중년이 된 자식에게는 충언도 잔소리가 되기도 한다. 고문처럼 묻거든 그 말에 답만 하라. 묻지 않는다면 나서서 먼저 말하지 말고 눌러두라. 서운하다 생각하면 서운하지만 그게 삶의 과정이고 순리라고 받아들여라. 슬퍼하지도 말고, 낙심하지도 말고, 그냥 자식에게 맡겨라.

고문이 되는 건 자식에 대한 욕심을 내려놓는 것이다. 인간관계를 난로에 비유한 말이 있다. 너무 가까우면 데이고 너무 멀면 식어지니 적당한 거리가 필요하다는 말. 자식도 이와 마찬가지로 적당한 거리를 두고 고파질 때쯤 만나라. 그런 만남이 오히려 더 소중하게 여겨질 것이다.

수다를 떨어라

수지 계산이 필요 없는 수다는 따로 시간을 내지 않아도 된다. 누구이든 부담 없이 이야기를 나눌 수 있는 사람이면 족하고, 내용의 진가보다는 함께한다는 것이 더 중요하다. 시간 약속을 하지 않아도 만날 수 있는 사람이어도 좋고, 문득 그 집 앞을 지나다가 불쑥 들려도 어김없이 반겨주는 사람이면 더욱 좋겠다. 볼일이 없어도 만나서 하는 영양가 없는 이런 수다의 시간들이 오히려 정신적 힐링에는 많은 도움이 된다.

오고 가는 말이 체계적인 것이 아니다 보니, 이리 뛰고 저리 뛰어다니는 이야기에 마음은 리듬을 탄 듯 조율이 되니 몸 또한 활력을 찾게 된다. 수다 하는데 딱히 주제를 정할 필요는 없다. 그냥 생각나는 대로 메뚜기 뛰어다니듯 이곳저곳을 왔다 갔다 해도 아무런 흉이 없으니 얼마나 편안하고 좋은지.

어제 본 드라마의 스토리를 재탕하며 흥분하고, 분노하는 이야기도 좋고, 시장에서 산 물건에 대한 이야기도 좋다. 어느 집에 어떤 것이 싸고 질이 좋다든지 한 귀로 듣고 한 귀로 흘려버려도 좋을 영양가 없는 수다들 말이다. 어제 반찬은 무얼 만들었고, 재료는 뭐가 들어가고, 뻔한 요리강좌에도 열심히 들어주며 놓친 요리비법을 서로 교환하기도 한다.

'글쎄 TV 보고 있는데 레미콘이 없어 한참을 헤맸는데 손에 쥐고 있잖아!'

리모컨을 레미콘이라 해도 리모컨으로 직 해석해 들을 수 있는 것 또한 신기하다. 단어가 생각나지 않아 그거 그거 해도 앞말 뒷말을 연결해 자동으로 답을 찾아내는 이것이 바로 세월의 연륜에서 묻어나는 수다의 매력이다. 게다가 무얼 말해도 웃어주는 친구이면 더 좋지만, 그렇다고 꼭 친구하고만 수다를 할 이유 또한 없다. 수다는 친구가 아니어도 좋다. 아무하고나 가능하다.

시장에 갔다가 방앗간에서 만난 시골 아낙들과 나누는 생활에 대한 이야기도 좋고, 그들이 살고 있는 동네의 소소한 이야기에 관심을 갖고 들어 주기만 하면 그 수다는 제한된 시간이 없기에 무한정 이어진다. 방앗간의 볼일이 끝날 때까지도 계속 이어지니 적당한 시간에 일어나 나오면 된다. 이렇게 이야기를 들어주고 맞장구치며 웃어 주는 것 또한 수다의 묘미다.

우연히 만난 시골 사람들의 수다에선 사람 냄새가 나서 좋다. 어디 사시는지, 식구 수는 방앗간에 온 이유를 묻는 말만 건네면 한없이 쏟아지는 영양가 없는 수다를 할 수가 있다. 방앗간만 해도 계절마다 수다의 주제가 다르다.

봄의 방앗간에선 쑥떡은 쑥이 많이 들어가야 맛이 있다느니, 가을엔 김치엔 배추 한 포기에 마늘이 몇 쪽이 들어가고, 고춧가루가 얼마가 들어가고 등등 묻지도 않은 조언도 마다않는 이런 수다가 의외로 힐링이 되기도 한다. 수다는 꼭 사람과 할 필요는 없다. 때론 집에서 키우는 동물과 식물과의 교감도 좋다. 강아지와 눈을 맞추어 가며 이야기해도 좋고, 어항 앞에 앉아 열대어와 얘기를 나눠도 된다. 이렇게 생명이 있는 것도 좋고, 생명이 없는 것도 좋다. 지나간 사진 속에 들어가 그 시간 속에 들어 있는 추억의 대화를 떠올려도 좋다. 우연히 지나다 들린 지인의 집 앞마당에 심어진 싱싱한 상추를 보며

"어쩜 저리 잘 키우셨어요?"

이 말 한마디면 서슴없이 상추는 언제 심었고, 씨앗은 어디서 구했고 등등 수다가 끝도 없이 이어진다. 게다가 상추까지 뜯어 주며 덧붙여 자기가 없어도 맘껏 뜯어가라는 푸근한 지인의 말에 즐거워하기만 하면 된다. 비닐 가득 뜯어 얻어 가는 상추는 받는 나도, 주는 지인도 기분이 좋아질 테니 이거 또한 나눔의 힐링이라 하고 싶다.

그렇다고 주인 없는 앞뜰까지 찾아가서 쌈 채소를 뜯을 용기는 없지만, 그 말을 듣는 것으로 감사하기만 하면 되는 것이다. 앙증스러운 상추를 잘 키운 주인을 맘껏 칭찬해 주면 된다. 한 옴큼 뜯어준 쌈 채소보다 더 많은 리액션이 주는 행복감은 주는 사람 받는 사람 모두에게 힐링이 된다. 너무 웅크려만 있지 말고 이렇게 수다를 찾아 나서라. 여기저기엔 수다거리는 많고도 많다.

평소에 작은 유언을 하라

어느 날 갑자기 내 손으로 밥을 먹을 수 없고, 혼자 옷을 입을 수도 벗을 수도 없게 되고, 배변까지도 혼자서 해결하지 못할 때가 생긴다면? 슬프지만 이는 누구나 맞닥뜨릴 수 있는 노년의 흔한 일이다. 정작 이런 시련의 날이 찾아왔음을 정작 본인은 알 수 없게 된다면 가족들의 부담감은 얼마나 더 커지게 될까?

자기의 소중한 기억들은 다 잊어버리고 과거 속 어떤 한 곳에 머물러 앉은 단순하지만 반복되는 이런 기억들을 가지고 살아가야 한다면, 이 어처구니없는 상황을 받아들일 수밖에 없는 가족들은 또 얼마나 당황스러울 것인가?

준비하지도 않은 상황에서는 경제적인 어려움과 맞물리게 된다면 더 힘들게 될지도 모른다. 자식들도 서로 눈치 보면서 서로 니미락내미락 하며 부모를 밀쳐내야 하는 죄책감에 오랜 시간을 더 힘들게 할지도 모른다. 이 상황에 선뜻 부모를 책임지겠다는 용기를 낸다 해도 기약도 없는 장기적인 봉양에 지쳐 자식들은 정신과 육체 또한 피폐해져 갈 것이다. 긴병엔 효자도 없다지 않은가?

요즈음 같이 살아가기 바쁜 세상에서는 마음과는 달리 여건이 되지 않으니 어쩔 수 없지 않은가? 이미 병든 당사자는 판단력을 잃었으니 스스로 어떻게 할 수도 없을 것이고, 누구에게 어떻게 해 달라는 부탁할 수도 없게 되었을 때는 어찌할 것인가? 그땐 아이처럼 요구만 하게 될 터이니 멈춰버린 기억으론 어떤 일의 원만한 판단과 처리는 불가하게 될 것이다.

가족과의 모임 시 가끔씩 작은 유언을 하라. 어느 날 내게 찾아올지도 모를 치매나 혈관성 질환으로 식물인간이 되었을 때의 향방을 이야기해 두어야 한다. 그렇게 해 둔다면 유사시 자식들이 갖게 될 육체적 정신적으로 안게 될지도 모를 심적 부담감을 줄여줄 수가 있을 것이다.

이를 때를 대비해 평소에 그나마도 정신이 맑을 때, 식사를 하는 자리에서 자식과의 만남의 자리에서 순간순간마다 작은 유언을 한다. 그리되었을 때 평소에 부모가 말한 것들이 자식들에게는 결정에 대한 죄책감을 줄여줄 수 있을 것이다. 혹이라도 긴병에 지치게 될 자식들의 부담과 죄책감을 들어주게 될 것이다. 익숙해지도록 평소 자연스레 이야기하듯, 유언인 듯 유언이 아닌 듯, 부담 없이 그냥 조근 조근 말해두면 된다.

완성된 요리를 먹을 때 어떻게 만들었고, 무슨 재료가 들어갔고, 이런 작은 것들도 모두 유언이라면 유언이 된다. 살림살이의 기본이 되는 가계부 적기의 지혜와 아무리 수입이 적더라도 절반은 떼어 저축하는 절약 정신과 지출은 꼭 기재하고 결산하는 검소함을 주지시켜준다. 검소해야 삶의 여유가 생기는 것이다.

여유분이 생기면 어려운 이웃이나 긴히 필요할 때가 생길 때, 내 마음이 쓸 수 있는 곳에 쓸 수 있음도 무심한 듯, 지나는 말인 듯 해준다. 이렇게 정신이 말짱할 때 판단력이 맑을 때 교통정리도 해둬야 한다. 그것이 재산이든, 형제간 서열이든 확고히 해둬야 한다.

먼 훗날 치매 환자가 되어 또는 혈관 장애로 인한 질환으로 판단이 흐려질 때 그때는 이미 늦다. 교통정리는 맑은 정신일 때 해두지 않는다면 불행한 상황이 발생하여 형제간 충돌사고가 날지도 모른다.

어떤 집처럼 이리저리 뛰고, 저리 뛰고, 부딪치고, 다치다 보면 평생을 서로 등을 돌리고 정을 끊은 형제로 살게 될지도 모른다. 그러니 교통정리를 위해 평소 작은 유언을 한다. 그들이 알게 모르게 지극히 자연스럽게 반복한다. 이렇게 평소에 작은 유언으로 자식들의 짐을 줄여줘야 한다. 형제간의 우애를 지켜줘야 한다. 그것이 어렵지만 노력해야 한다.

맥을 줄여라

요즈음 백세시대라 한다. 지금 노인의 평균수명이 여자가 85세, 남자가 79세라 하나 100세를 바라보는 건강한 노인들은 계속 늘어나고 있는 것이 사실이다. 따라서 수명이 늘어난 만큼 노년의 기간이 늘어날 수밖에 없게 된 것이다.

그러나 노인이 되면 행동반경은 점점 줄어들게 마련이다. 경제적 이유이든, 건강상 이유이든, 단순한 숫자적 나이의 보탬 때문이든, 활동 범위는 좁아지게 되어 그것이 소외감으로 이어지기도 한다.

노인이 되면 어떤 이유에서든 인맥을 줄여나가야 한다. 인맥을 줄이라는 것은 사람 만나지 말고 혼자 살라는 게 아니다. 큰 맥은 줄이고 작은 맥은 유지하라는 거다. 큰 맥이란 그동안 사회생활을 하면서 얽힌 큰 규모의 맥이다. 이러한 맥은 노년이 되면서 점차 줄여나가는 게 맞다.

지금까지 내가 살던 지역에서 오랜 시간 만나온 친한 친구를 만나는 것은 작은 맥에 속한다. 그곳이 유년기부터 이어져 온 관계라면 더욱 좋다. 언제라도 과거 속 보석 같은 추억을 꺼내놓고 마음껏 깔깔거릴 수 있기에 좋다. 이런 만남에선 스트레스는 없고 즐거움만 있다.

그러나 내가 끊고 싶어도 끊을 수 없는 것 중 하나가 자식과 부모 사이다. 이는 내가 줄이고 싶다고 줄일 수 있는 맥이 아니다. 내 것이라 고집하던 마음을 놓고 이제는 혈연과도 거리를 두라는 거다. 이제는 한발 물러서서 혈연들이 고파질 때 한 번씩 만나주면 족하다.

자식 가정에 방문자가 되어야지 침입자가 되어선 아니 된다. 동하는 마음을 한 타임씩 늦추어 생각하라. 손자, 손녀는 내 자식의 자식이다. 그러니 뭐라고 하지도 말고 간섭도 말라. 그 말이 조언이든 질책이든 말이다. 자식이 필요해서 요구할 때까지 올라오려는 말을 꾹꾹 눌러두어라.

손주에게 할 잔소리는 자식에게 양보하라. 제 자식 가르침은 시행착오를 거치면서 스스로 익히고 깨치며 성장해 갈 수 있게 자식에게 믿고 맡겨두어라. 하루하루를 깨치면서 안정된 어른으로 커가는 중이니 너무 성급하게 도움 주려 하지 말고 이제는 조금씩 떨어져 보라.

자식이 어른이 되어도 부모 눈엔 유치원생으로 보이는 건 어쩔 수 없지만, 참고 인내하며 멀리서 바라보는 하나의 별이 되어라.

맥을 끊을 수가 없으니 그냥 뒤로 비켜서 있으라. 이젠 강한 의무감의 무게는 과감하게 벗어버리고 비켜서 있어라. 사람은 이기심이 많아 자기가 기억하고 싶은 것만 기억한다지 않는가? 그러니 내 속에 있는 기억들이 모두 좋은 기억일 수는 없다.

자식을 농사에 비유하기도 한다. 농사를 지었으면 수확이 좋으면 좋을 터이지만, 그렇지 못하더라도 그대로 지금을 받아들여라. 어느 쪽이 농사가 더 잘 지었다 확신할 수 없으니, 과거 속 기억에 들어 있는 시행착오는 꺼내어 반성하되 그 속에 너무 빠지진 말아라.

그동안 육체가 쇠퇴하도록 자식 농사에만 올인했다면 이제 그만 정신까지 쇠퇴해지기 전에 방향을 틀어라. 그리고 지금까지 못 했던 일을 찾아 해 보는 것도 좋고, 지금까지도 그리 살았듯이 나 보다 못한 이를 위한 곳에 동참하라.

몸을 괴롭혀라

가만히 앉아 있으면 누구나 부정적인 생각이 들기 쉽다. 이럴 때는 무슨 일이든지 해야 한다. 나를 힘들게 하라. 청소를 하든지, 빨래를 하든지, 텃밭에 나가 잡초를 뽑든지 육체가 잠자지 않게 바쁘게 움직여라. 바쁘게 움직이다 보면 영혼이 맑아짐을 느낄 것이다.

오르고 싶은 산이 있다면, 그 생각이 든 날 바로 집을 나서도 좋다. 그곳에 가면 맑은 공기와 바람 소리 새들의 노랫소리가 힐링 시켜 줄 것이다. 내리쬐는 태양 볕과 산야가 내뿜는 맑은 공기가 심신을 건강하게 만들어줄 것이다.

옴짝하기 싫은 날이면 그 흔한 유행가를 틀어놓고 가사를 따라 부르며 리듬감을 타며 몸을 맘껏 흔들어 보면 의외로 몸은 조율이라도 된 듯 편안해짐을 느낄 수 있다.

가끔씩 혼자의 커피타임을 가져도 행복할 것이다. 한 잔을 다 마실 때까지는 온전한 나만의 시간에서 평온함을 맘껏 누릴 수 있을 것이다.

햇볕이 좋은 날엔 밖으로 나가 걷든지 아니면, 자전거를 타든지 그 날의 마음 가는 대로 집을 나서보라. 친구와 함께하는 외출이어도 좋고 그렇지 않으면 혼자여도 좋다.

발바닥 아프도록 걸어보거나 등에 땀이 흐르도록 걸어보라. 돌아오는 길엔 맑은 정신에 몸이 신나있을 것이다.

하루는 책장에서 읽고 싶은 책을 뽑아 옴짝 않고 앉아서 읽어도 보라. 다리에 쥐가 나도록 계속해 읽어 보라. 머리에 쥐가 나도록 계속해 읽어보라. 그러다 눈이 아프다 느껴지면 가끔 창밖을 보며 바깥 풍광을 품어보라. 그동안 갖지 못한 작은 시간의 행복을 맘껏 누려보라.

하루는 미뤄둔 청소를 하며 구석구석에 숨은 먼지를 보물 찾듯 털어내는 개운함을 느껴 보라.

보이지 않는 곳에 숨은 새로운 치울 거리를 하나하나 찾아내다 보면 몸은 고단해질 것이나 마음 또한 맑아져 그날 밤엔 단잠을 잘 수 있을 것이다.

하루는 텃밭에 나가 뜨거운 태양 아래 잡초를 뽑으며 맘껏 땀을 흘려보라. 이마에서 흘러내리는 땀 줄기가 맘속 모든 근심 걱정을 잊게 할 것이다. 또한 채소 사이사이에 비집고 앉은 잡초를 하나하나 골라내는 일에 집중하다 보면, 아무 생각도 없는 선의 경지에 드니 이것이 바로 몸도 마음도 건강해지는 방법이 아니겠는가.

지금부터라도 TV 앞에 앉아있는 시간을 줄이고 몸을 괴롭히는 일을 찾아 나서는 것이다. 1시간의 TV 시청이 1시간씩 수명을 단축시킨다 하지 않는가? 한곳에 가만히 앉아 있는 것이 이렇게 나쁜 것이다. 계속해서 내 몸을 괴롭혀라.

행복하다 생각하라

사람은 자기가 생각하는 대로 살아간다고 한다. 이는 맞는 말이다.

불평만 하는 이가 잘 사는 일은 없다. 불평이 자리하는 집에 일이 잘 풀릴 리가 없다. 부정하는 나쁜 기운은 좋은 기운이 집 안으로 들어오려는 걸 문 앞에서 막아 버린다. 모든 걸 부정하면서 살다 보니 일이 잘 풀릴 리가 만무하다.

생각이란 놈은 참으로 묘한 놈이다. 생각이란 아무리 하지 않겠다고 다짐한다고 할 수 있는 것이 아니다. 밀쳐내면 낼수록 더욱 들어와 앉는 게 생각이란 놈이니 말이다.

생각하고 싶지 않은 일들은 오히려 더 달라붙어 떨어지지 않으려 끈질기게 붙어 있으려 하니 말이다. 때론 생각도 못 한 일이 생각도 못 한 장소에서 벌어지기도 한다.

늘 가까이하던 것이라 무심하게 흘려보낸 것이 그것을 잃고 나서야 그때 그것이 행복이었다고 깨닫지만 이미 때는 늦은 후다. 그러니 지금이 행복이라고 생각하라. 자식이 있어 행복하고, 손자 손녀가 있어 행복하고, 자식에게 경제적 도움을 청하지 않고도 살아갈 수 있음도 행복이고, 하고 싶은 것을 하고 싶을 때 할 수 있는 것도 행복이고, 먹는 것 싸는 것 입는 것을 남의 손 빌리지 않고 스스로 해결할 수 있으니 행복이고, 맘만 먹으면 언제나 만날 수 있는 친구가 곁에 있어 행복이고, 지금까지도 내가 필요한 곳에서 작은 봉사를 할 수 있음도 행복이라 생각하라.

새날 아침에 숨을 쉬고 있음도 행복이고, 저녁에 잠자리에 들 수 있는 작은 집이 있음도 행복이라 생각하라. 상실감을 이겨내고 모진 세월 잘 살아온 나여서 행복하고, 내 자식의 자식들이 커가는 모습을 보는 것도 행복이고, 내 자식 키울 때와는 또 다른 재미를 손주들에게서 느낄 수 있는 것도 행복이다.

젊은이들의 무례함에도 미워지지 않는 나여서 행복하고, 자신의 가치를 돈의 가치로 여기며 살아가는 노인이 아니어서 다행이다.

그간 나쁜 생각들이 자라지 않게 미리미리 잘 잘라준 나였기에 대견하고, 그리 살아온 나의 가치가 소중하기에 행복하다.

아직까진 내가 처리할 수 있는 일이 있어 행복이고, 자식에게 짐이 되지 않는 엄마여서 행복하다.

살아오며 쌓인 미움 따윈 이제 놓을 수 있어 행복하다.

험한 세상 이곳저곳을 기웃거리지 않는 나여서 대견하다.

자신을 속이지 않으려 산 세월 속 나였기에 행복하다.

늦었지만 이제라도 나의 소중함을 알았기에 행복하다.

나는 지금 행복하고 행복하다.

문학세계대표작가선 917

그 세월 속에는

박용자 제2수필집

인쇄 1판 1쇄 2020년 3월 13일
발행 1판 1쇄 2020년 3월 20일

지 은 이 : 박용자
펴 낸 이 : 김천우
펴 낸 곳 : 도서출판 천우
등　　록 : 1992. 2. 15. 제1-1307호
주　　소 : 서울시 성동구 무학봉28길 6 금용빌딩 2F
전　　화 : 02)2298-7661
팩　　스 : 02)2298-7665
http://moonhak.wla.or.kr
E-mail : chunwo@hanmail.net

© 박용자, 2020.

값 15,000원

*도서출판 천우와 저자의 서면 동의 없는 무단 전재 및 복제를 금합니다.
*저자와의 협의에 따라 인지는 생략합니다.

ISBN 978-89-7954-804-4

이 도서의 국립중앙도서관 출판예정도서목록(CIP)은 서지정보유통지원시스템 홈페이지(http://seoji.nl.go.kr)와 국가자료공동목록시스템(http://www.nl.go.kr/kolisnet)에서 이용하실 수 있습니다. (CIP제어번호: CIP2020009142)